DES

ACTES DE COMMERCE

CHEZ LES MÊMES ÉDITEURS

Code de Commerce annoté de Sirey, contenant toute la jurisprudence des arrêts et la doctrine des auteurs; par M. GILBERT, Rédacteur du *Recueil général des Lois* et *des Arrêts*. 1 vol. in-8°. 1865. 10 fr.

Code de Commerce (Commentaire théorique et pratique du) et de la LÉGISLATION COMMERCIALE; par M. Isidore ALAUZET, Avocat, Chef de bureau au ministère de la justice. 4 vol. in-8. 1857. 30 fr.

Faillites et Banqueroutes. Formulaire général et résumé pratique de législation, de jurisprudence et de doctrine pour rendre pratiques pour tous la procédure et l'exercice de tous les droits en matière de faillites, contenant : les modèles des requêtes, ordonnances, jugements, rapports, bilans, inventaires, etc.; par M. LAROQUE-SAYSSINEL, Avocat, ancien Rédacteur de la *Gazette des tribunaux de commerce*. 2ᵉ édition conforme à la 1ʳᵉ, 1862. 2 vol. in-8. 14 fr.

Tribunaux de Commerce (des) et des Actes de commerce, contenant : un Traité complet des droits et devoirs des commerçants; la Compétence des tribunaux consulaires sur les matières du droit; la Procédure suivie devant eux; un Formulaire général des actes du ressort des tribunaux de commerce, etc.; par Louis NOUGUIER, Avocat à la Cour impériale de Paris. 3 vol. in-8. 22 fr. 50

OUVRAGES DE M. J. BÉDARRIDE
Avocat à la Cour impériale d'Aix, ancien bâtonnier.

1° Commentaire du Code de Commerce, 17 vol. in-8. 137 fr. 50

N. B. — *Chaque traité se vend séparément comme il suit :*

Livre I, titres 1 et 2 : *Des Commerçants et des Livres de commerce.* 1854, in-8. 7 fr. 50
Livre I, titre 3 : *Des Sociétés.* 1857, 2 vol. in-8. 15 fr.
Commentaire des lois des 17-23 juillet 1856 sur l'Arbitrage forcé et les Sociétés en commandite par actions (tirage à part du tome 2ᵉ du précédent ouvrage) 1857, in-8. 3 fr.
Livre I, titre 5 : *Des Bourses de commerce, Agents de change et Courtiers.* 1862, 1 vol. in-8. 9 fr.
Livre I, titre 6 : *Des Commissionnaires*, avec appendice sur les modifications qui y ont été introduites. 1863, in-8. 9 fr.
Livre I, titre 7 : *Des Achats et ventes.* 1862, 1 vol. in-8. 8 fr.
Livre I, titre 8 : *De la lettre de change, des Billets à ordre et de la Prescription.* 1862, 2 vol. in-8. 16 fr.
Livre II : *Du Commerce maritime.* 1859, 5 vol. in-8. 40 fr.
Livre III : *Des Faillites et Banqueroutes*, ou Commentaire de la loi du 28 mai 1838; 4ᵉ édition, revue et mise au courant de la doctrine et de la législation. 1862, 5 beaux vol. in-8. 24 fr.
Livre IV : *De la Juridiction commerciale.* 1864, 1 vol. in-8. 9 fr.

2° Traité du Dol et de la Fraude en matière civile et commerciale. 1852, 3 vol. in-8. 24 fr.

Frémy-Ligneville, avocat. — Dictionnaire général des Actes sous seing privé et Conventions verbales en matière civile, commerciale et administrative. 1850, 2 vol. in-8. 10 fr.

Dufour (Edm.), avocat à la Cour impériale de Paris. — Droit maritime; commentaire des titres 1 et 2 du Code de commerce. 1859, 2 vol. in-8. 16 fr.

— La question des Chèques. 1864, in-8. 1 fr.

DES

ACTES DE COMMERCE

COMMENTAIRE THÉORIQUE ET PRATIQUE

DES ARTICLES 632 ET 633 DU CODE DE COMMERCE

PAR

M. FRANÇOIS BESLAY

DOCTEUR EN DROIT
AVOCAT A LA COUR IMPÉRIALE DE PARIS

PARIS

COSSE, MARCHAL ET Cie | AUGUSTE DURAND
LIBRAIRES DE LA COUR DE CASSATION | LIBRAIRE
place Dauphine, 27 | rue des Grès, 7

1865

DES ACTES DE COMMERCE

> « La difficulté de saisir une distinction n'en
> « détruit pas la réalité. » (DELAMARRE ET
> LEPOITVIN, *de la Commission*, t. I, p. 18.)

INTRODUCTION

§ I.

La séparation de l'ordre civil et de l'ordre commercial, la distinction des citoyens d'un état en commerçants et en non-commerçants, des affaires qu'ils traitent en affaires civiles et affaires commerciales, l'organisation d'une juridiction particulière affectée au jugement de ces dernières affaires, la promulgation de lois spéciales aux commerçants, de règles propres pour le règlement de leurs intérêts, sont des faits dont l'importance ne peut échapper à personne. Ces faits ont-ils leur principe dans la raison même, et dans la nature absolue des choses? leur cause est-elle accidentelle? tient-elle à un certain état social? à des préjugés? à l'influence de certaines institutions politiques? à la puissance des mœurs et des idées?

A cette question complexe, dont l'intérêt est évident, le plus sage est peut-être de faire une réponse également complexe. Il semble en effet que la distinction de l'ordre civil et de l'ordre commercial, avec toutes les différences que cette distinction implique, tienne tout à la fois à des causes historiques et à des principes rationnels.

On comprendrait mal cette distinction si on ne la concevait

que comme une institution de la loi positive, fondée sur une théorie de droit et d'économie sociale, plus ou moins abstraite; il faudrait chercher à saisir dans son origine historique l'idée de cette distinction, confuse d'abord, plus claire ensuite, et se dégageant peu à peu par le progrès naturel des faits, les efforts de la science, et les recherches de la philosophie, et, d'une autre part on n'aurait qu'une notion fausse des progrès et de la formation même de cette idée, si l'on n'en étudiait la suite que dans les faits attestés par l'histoire ou révélés par l'observation. L'origine de la distinction entre l'ordre civil et l'ordre commercial étant historique, et le principe de cette distinction étant rationnel, il faudrait une double étude pour en bien pénétrer le caractère.

Une remarque frappe tout d'abord celui qui aborde l'étude historique, c'est que la distinction entre l'ordre civil et l'ordre commercial, paraît être un fait universel.

On trouve dans deux auteurs modernes l'idée contraire exprimée d'une manière assez nette. « Il a existé des peuples qui ont satisfait aux nécessités, à l'aisance, au luxe même de la vie, qui ont connu la division du travail et poussé les arts à leur dernière perfection; qui ont entrepris des travaux immenses, des opérations de finances, de guerre, de marine; dont le commerce a exploité tout le monde alors connu, qui ont vécu au milieu d'une civilisation raffinée. — Ces peuples ont cependant ignoré la distinction du droit civil et du droit commercial, des affaires civiles et des affaires commerciales, de la juridiction civile et de la juridiction commerciale. Quelles ont été les causes de la distinction, qui s'en fit plus tard, et qu'on en fait de nos jours? La mobilité des choses humaines, l'état des sociétés modernes, voilà sa raison d'être. — (Delamarre et Lepoitvin, *de la Commisssion*; tome VI, p. 23, n° 9.) Cette idée de MM. Delamarre et Lepoitvin ne nous paraît point juste; il est certain que la distinction des faits civils et des faits commerciaux, ne s'est pas traduite de la même manière et avec les mêmes conséquences chez tous les peuples, et dans toutes les législations; mais néanmoins le sentiment de cette distinction se rencontre partout et, pour ne prendre que les Romains, c'est bien à tort que l'on cite d'ordinaire ce peuple comme étant demeuré étranger à cette distinction : il la connaissait (1) fort bien ; les mœurs et les lois en portaient la trace.

Il serait intéressant de suivre le développement historique de cette idée ; mais, puisqu'il s'agit d'un fait universel, on conçoit que cette étude serait fort étendue.

Le dessein de ce travail ne la comporte pas ; il n'a pour objet que d'étudier, dans notre droit français actuel, la distinction de l'ordre civil et de l'ordre commercial : sans doute cette question spéciale ne peut être elle-même résolue, sans que l'on indique au moins sommairement ce qu'était dans l'ancien droit la distinction dont on montrera l'existence dans le nouveau ; mais cette recherche ne sera qu'un accessoire.

Il y aura lieu d'insister d'avantage sur le caractère rationnel, sur le principe philosophique de la distinction, par la raison que la connaissance de ce caractère et de ce principe peut seule permettre de distinguer les applications que l'on doit faire.

§ II

Ceux qui veulent étudier l'histoire de la distinction entre les faits de commerce et les faits civils, rencontrent tout d'abord une idée générale dans les auteurs ; c'est que dans l'ancien

---

(1) Code L. IV, titre LXIII, *de Commercio et Mercatoribus*. Loi 3.
L. XII, titre I, *de Dignitatibus*. Loi 6.
Hérodote, L. II, p. 98.
Tite Live L. XXI, titre LXIII.
Juvénal. Sat. XIV. V. 269.
Bodin, *de republ*. L. III, c. VIII.
Platon. *de rep*. 11, 4.
Aristote, *politique*. L. III, c. III.
Puffendorf. *le Droit de la Nature*. L. VIII, c. IV, n° 30. Traduct. de Barbeyrac.
Cicéron, *de Officiis*, L. I, cap. 42.

droit la distinction aurait été une distinction de personnes, au lieu d'être une distinction de faits.

« Ce sont tels et tels actes qui constituent seuls le commerce « (art. 631, 632, 633), c'est l'habitude de ces actes qui fait le « commerçant (art 1) et par suite c'est la chose qui qualifie la « personne. Dans l'ancien droit, comme on était reçu mar- « chand après un apprentissage et certaines épreuves, la « personne du commerçant imprimait seule à la chose le « caractère commercial. » (Delamarre et Lepoitvin. *De la Commission ;* tome VI, p. 18, n° 7.)

Cette idée ne nous paraît pas juste : dans l'ancien droit au contraire, il est à remarquer que la compétence se fixe non d'après la qualité des personnes, mais d'après celle des actes ; et que la qualité des personnes elles-mêmes tient à leurs agissements personnels.

L'un des premiers monuments de la Juridiction commerciale, est l'édit par lequel François II, au mois d'août 1560, décida que tous différents entre marchands *pour fait de leur commerce* seraient renvoyés devant arbitres. « Oresnavant nuls marchans ne pourront tirer par procès les uns les autres, *pour fait de marchandise,* par devant nos juges, ou autres ; ains seront contraints eslire et s'accorder de trois personnages...... marchands ou d'autres qualités et se rapporter à eux de leurs différents, et ce qui sera par eux jugé et arbitré tiendra comme transaction ou jugement souverain. » Trois ans après l'édit de François II, sur la demande des marchands de Paris, Charles IX publia, en novembre 1563, un édit qui portait création d'une juridiction de Juges et consuls. Cet édit portait que les dits Juges devaient connaître de procès et différents, *pour fait de marchandise seulement.*

Quand les états de Blois se réunirent en 1579, le tiers état, pour des causes curieuses, mais dans lesquelles il ne serait pas

---

J. Denis. *Histoire des Idées et des Théories morales dans l'antiquité.* II, p. 52.

Baudrillart. *Rapports de la Morale et de l'Économie politique,* p. 572.

Desjardins (Arthur). *Les Devoirs, Essai sur la morale de Cicéron.*

opportun d'insister ici, protesta contre la création des juridictions consulaires : la suppression de beaucoup de ces juridictions fut demandée. On imagina alors ce qui a lieu encore de nos jours, c'était de faire juger sommairement par les tribunaux, les causes du commerce ; l'ordonnance de 1579, dite ordonnance de Blois, enjoignait aux juges ordinaires de « vuider sommairement les procès de marchand à marchand et *pour fait de marchandise*, sans tenir les parties en longueur de procès, ou les charger de plus grands frais, qu'elles eussent eu à supporter par devant les juges consuls. »

La juridiction consulaire, triomphant des premiers efforts tentés pour l'empêcher de se constituer, voulut profiter de la généralité des termes de son institution pour étendre sa compétence à tous les procès entre les marchands. Une déclaration de Louis XIII, de 1610, vint mettre un terme « à ce grand désordre » et enjoignit « que les juges consuls connaîtraient *seulement* des différents entre marchands *et pour fait de marchandise seulement*, avec expresse inhibition de prendre aucune juridiction et connaissance des procès, et différents pour promesses, cédules, obligations en deniers de pur prêt, qui ne seront causés pour vente et délivrance de marchandises, de loyers de maisons, fermes, locations, moissons de grains, ventes de blés, vins, autres denrées faites par bourgeois, laboureurs et vignerons, étant de leur cru et revenus, salaires ou marchés par maçons, charpentiers, autres ouvriers et mercenaires. »

La question s'était même élevée devant la justice, si la compétence des tribunaux de commerce tenait aux personnes ou aux faits ; — cette question avait été résolue dans le sens de la compétence réelle.

Le 9 août 1607, le Parlement de Paris jugeait qu'un ecclésiastique devait répondre, devant les juges consuls, à une demande formée contre lui pour un acte de commerce qu'il avait fait passagèrement.

Le 16 juillet 1650 et 5 février 1664 et le 1er février 1661, des arrêts analogues étaient rendus par le même parlement ; les deux premiers à l'égard d'un procureur, le troisième à l'égard d'un greffier.

L'ordonnance de 1673 consacra formellement ces idées. « La juridiction consulaire, disait Toubeau (*Instituts de droit consulaire*, p. 286), est encore plus réelle qu'elle n'est personelle; car les consuls sont en quelque façon plutôt juges de la marchandise que des marchands, n'étant quasi juges des marchands que par accident; ne l'étant d'eux non plus que des autres, qu'autant qu'ils font commerce et marchandise et pour marchandise seulement. » Quelques années avant la rédaction du code de commerce, le tribunal de cassation avait appliqué dans ce sens les dispositions de l'ordonnance de 1673, par arrêts des 25 prairial an II, et 20 frimaire an XII, et 10 vendémiaire an XIII.

Il faut donc reconnaître que déjà dans l'ancien droit on distinguait l'ordre commercial de l'ordre civil, non d'après la qualité des personnes, mais d'après le caractère des faits; mais, il est juste de remarquer que sur ce point l'erreur commise par MM. Delamarre et Lepoitvin n'est pas la leur. L'erreur que nous avons relevée chez eux, avait été commise avant eux par les rédacteurs du projet du code de commerce. Ceux-ci, dans le discours préliminaire servant d'exposé des motifs à leur projet, s'exprimaient ainsi : « Les anciennes lois dé-
« terminaient la compétence des tribunaux de commerce par
« la qualité des personnes; il en résultait une foule de con-
« testations qui embarrassaient leur marche. La compétence
« des tribunaux de commerce ne peut être déterminée par
« la qualité des parties, mais par le fait qui donne lieu à
« la contestation. En les rendant à leurs véritables attribu-
« tions, nous avons détruit une distinction qui existait pour
« les commerçants, et que vos lois actuelles ne peuvent ad-
« mettre (1) » Observ. tome I, page 35.

---

(1) C'était également l'erreur du tribunal d'Angers. « La qualité des personnes déterminait la compétence des tribunaux de commerce. « Observ. tome I. p. 112.) Du tribunal de Poitiers. I, 455.

Ce passage de l'exposé des motifs renfermait une inexactitude qui ne pouvait passer inaperçue ; elle fut relevée.

Le tribunal de Nancy, dans ses observations sur le projet, s'exprimait ainsi : « Vainement dans le discours préliminaire voudrait-on faire considérer comme une cause des abus qui se sont glissés dans les tribunaux de commerce, la disposition des anciennes lois qui déterminait la compétence de ces tribunaux, par la qualité des personnes pour en induire qu'elle ne doit être réglée que par le fait qui donne lieu à la contestation. *C'est une erreur de dire que la compétence de ces tribunaux n'était déterminée que par la qualité des personnes ;* elle l'était tout à la fois et par la qualité des personnes et par la qualité du fait. » L'erreur était également relevée par le tribunal de Paris, p. 412. On peut donc tenir pour certain que, dans l'ancien droit déjà, la distinction des actes de commerce et des actes ordinaires avait été faite, et qu'elle était le principe même de la séparation entre l'ordre commercial et l'ordre civil.

Ce qui résulte non moins clairement de l'étude de notre ancienne législation, c'est que cette séparation tenait à deux circonstances assez particulières : le besoin pour le commerce d'une justice, spécialement rapide ; la distinction entre le droit et l'équité.

On sait avec quelle lenteur se rendait la justice sous l'ancien régime. La multiplicité des juridictions, leurs compétences mal définies, leur fréquents abus d'autorité, les lenteurs extrêmes des procédures, les interruptions arbitraires du cours de la justice, les dispendieuses et inutiles formalités, les possibilités d'appel, de révision, d'évocation, de réformation, enfin, « cette « licence, qui, comme disait Montaigne, tache merveilleusement « la cérémonieuse auctorité et lustre de notre justice, de ne « s'arrester aux arrest, et de courir des uns aux autres juges « pour décider d'une même cause. » (Liv. II, ch. 12, Essais.) Le commerce ne pouvait s'accommoder de ces longs circuits de procédures : aussi, dès qu'après les croisades le commerce commença à se développer en France, d'une part les formes de la procédure ordinaire, s'abrégèrent, lorsque des négociants étaient en cause, de l'autre, une juridiction spéciale se développa en Italie d'abord, bientôt après en France. L'auteur du grand Coutumier plaçait sous le titre des causes extraordinaires qui se devaient juger sans remise, à trente jours les causes des forains et des marchands, de bétail principalement. (Toubeau, Instituts de droit consulaire. Liv. I, p. 8). L'organisation d'une juridiction spéciale, devait suivre l'établissement d'une procédure particulière; ce serait une erreur de croire que les juridictions consulaires ne datent en France que des édits de Charles IX qui les consacrent. La distinction de l'ordre civil et de l'ordre commercial, et l'organisation d'une juridiction spéciale pour juger les affaires commerciales, a une origine beaucoup plus ancienne. On trouve, dès le xve siècle, des rois des marchands ou des merciers qui ont sur les marchands une juridiction spéciale. — Paris, Marseille, Toulouse, Lyon, avaient leurs juges particuliers au commerce, longtemps avant le xvie siècle. (Histoire de Marseille. Règlement de Réné, roi de Sicile et de Naples. — Chopin, commentaire sur la coutume de Paris, Ier liv., n° 12. — Mornac, Loyseau, Pierre de Fontaine. — Préambule de l'édit du 13 août 1669. — Lois et priviléges des foires de Brie. — Toubeau. Instituts de droit consulaire; liv. I, titre XI.)

La royauté ne fit que consacrer une institution née spontanément des besoins du commerce. Elle imagina d'abord d'établir pour toutes les affaires commerciales l'arbitrage forcé : ce fut le sens de l'édit de François II en août 1560.

Cette institution de l'arbitrage forcé, dont un débris s'est conservé jusqu'à ces derniers temps, paraît n'avoir eu aucuns résultats.

« L'ordonnance de 1560, dit M. Boncenne (Procédure civile I. 4367), fut presque aussitôt oubliée que rendue. »

Charles IX, trois ans après, jeta dans l'édit de 1563 les fondements de la Juridiction consulaire.

La raison de cet établissement était si bien la nécessité d'une justice prompte pour le commerce, qu'une tradition rattachait la pensée de l'édit de 1563 à une anecdote quelque peu légendaire, mais significative. « La tradition, dit Toubeau, nous apprend que l'établissement de cette juridiction ne fut fait que parce que Charles IX fut sensiblement touché, étant un jour entré dans la lanterne de la grand'chambre du Parlement à Paris, d'entendre prononcer et mettre hors de Cour et de procès, sans dépens, deux marchands qui avaient plaidé depuis 10 ou 12 ans après avoir essuyé tous les degrés de Juridiction. (Instituts de Dr. Cons. ; livre I, titre I).

La nécessité d'expédier promptement les affaires commerciales ne fut pas la seule cause de l'action de la Juridiction consulaire. L'étude du droit romain, en se généralisant au XV° siècle, developpait chez les légistes le goût des subtilités du droit, et ajoutait tout à la fois à l'incertitude de la justice et à ses formalités. La distinction si étrange du droit et de l'équité reprit cours sous l'autorité des Jurisconsultes romains ; mais le commerce répugna toujours aux habitudes sacramentelles d'un droit, dont il ignorait les principes, « l'ignorance des artisans et des marchands en détail, la cherté des notaires, la crainte des mesures fiscales, l'obscurité des lois, les formalités trop sacramentelles auxquelles les actes ordinaires étaient soumis » avaient amené les marchands à se créer une sorte de coutume, toute fondée sur la bonne foi.

« Les marchands, disait le préambule de l'édit de François II d'août 1560, le plus souvent besognent de bonne foi entre eux sans témoins et notaires, sans garder et observer la subtilité des lois. » Le fait reconnu, il était facile de prévoir le danger de ces résultats : de deux parties qui avaient ainsi traité de bonne foi sans observer les subtilités des lois, l'une « cauteleuse et malicieuse » se fondait sur les vices de forme, sur l'omission des formalités.

Il serait curieux, mais ce n'est pas ici le lieu de raconter les progrès et les vicissitudes de la juridiction consulaire, les Parlements refusant d'enregistrer les édits de création des juges consuls (arrêt du Parlement de Bordeaux du 27 avril 1564, — du Parlement d'Aix); le clergé défendant les priviléges de sa justice contre la nouvelle juridiction (arrêt du Parlement de Rennes 24 octobre 1600 repoussant, l'opposition des évêque, chanoines et Chapitre de Saint-Malo); la noblesse réclamant pour ses droits de justice seigneuriale (arrêt du Conseil obtenu par la duchesse de Longueville pour empêcher l'érection d'une juridiction consulaire dans le duché de Dunois); le pouvoir central, obstiné défenseur des intérêts commerciaux, frappant ces résistances par les lettres patentes, les déclarations et les lettres de cachet.

Mais ce n'est pas ici la place d'une pareille étude, et il suffisait d'en avoir indiqué les points saillants.

§ III

Trouver une définition exacte de l'acte de commerce est une difficulté qui a rebuté les auteurs les plus autorisés.

La loi a énuméré un certain nombre d'actes auxquels elle a, par des présomptions formelles, attribué le caractère commercial, qu'elle a elle-même qualifiés actes de commerce. Les articles 632 et 633 du code de commerce renferment cette énumération; mais est-il possible de dégager de ces diverses applications, des termes différents de cette énumération, le caractère commun, essentiel, constitutif qui est la raison de la commercialité ? Tel acte est un acte de commerce, la loi le veut; mais pourquoi le veut-elle ? tel autre acte, différent du premier, n'est pas un acte de commerce : pourquoi ? la loi veut qu'il ne le soit pas; pourquoi la loi le veut-elle ? enfin voici un acte différent des deux autres, et d'un troisième genre. Sur celui-ci, la loi ne dit rien; est-il commercial ? n'est-il pas commercial ? jamais le caractère concret, pratique de notre législation n'apparaît plus visible que dans cette circonstance : pas un mot dans les dispositions du législateur n'indique qu'il ait classé les actes de commerce d'après un principe de raison supérieur. On serait tenté de soupçonner qu'il n'a pas donné ce principe par la raison que réellement il n'en avait pas, et qu'il faut renoncer à chercher une base logique pour une classification arbitraire. Ce soupçon n'est pas admissible ; il n'y aurait à l'accueillir que les esprits sceptiques, paresseux et peu dévoués à la science. L'œuvre de celle-ci est précisément, là où les principes sont si profondément cachés qu'on est porté à les méconnaître, de les découvrir, de les dégager, de les mettre dans la pleine lumière. Le législateur a gardé, comme le secret d'une énigme, le principe de la classification importante renfermé dans les articles 632 et 633. C'est au jurisconsulte à pénétrer ce secret sans défiance de la loi.

Une pareille recherche est non-seulement légitime, elle est méritoire. Vainement rappellerait-on cette pensée de Neratius *Rationes eorum quæ constituuntur inquiri non oportet, alioquin multa ex his quæ certa sunt subvertuntur* (Loi 21. ff. *de Legibus*); ou cette parole de Bacon, « que sonder les fondements de la loi, c'est en ébranler l'édifice : » de pareilles maximes, ainsi que le remarquait un de nos maîtres les plus chers (1), ne sont faites que « pour de mauvais esprits ou pour une mauvaise législation. »

Il faut donc chercher le principe de la distinction, et le chercher avec la confiance qu'il existe.

Cette confiance a manqué à plusieurs auteurs.

M. Nouguier, dans son livre sur les tribunaux de commerce (tome I, p. 368), s'exprime ainsi : « Il serait d'une haute importance de définir d'une manière précise les caractères qu'imprime aux conventions la qualité d'actes de commerce; mais, il faut le dire, les opérations commerciales offrent tant de nuances, elles se compliquent de tant de difficultés, elles touchent si souvent, et par tant de liens aux transactions de la vie civile, qu'il est bien difficile de leur assigner une limite exacte et de les appuyer sur des principes absolus ; quant à nous, après une étude approfondie de l'ensemble de la loi, des monuments de la jurisprudence et de la doctrine des au-

---

(1) Ozanam. *Discours d'ouverture d'un Cours de droit commercial*, t. VIII, p. 406.

teurs, nous n'avons pu découvrir une règle exacte, qui pût nous guider avec certitude dans cette délicate appréciation. Si l'on s'efforce à faire une classification, elle est nécessairement incomplète : plusieurs contrats, régis à la fois par le droit commun et par le droit commercial, sont indistinctement employés par le simple particulier et par le négociant ; ils prennent ou quittent le caractère commercial suivant le lieu où ils se sont passés, suivant l'intention qui leur a donné naissance, suivant la profession de leur auteur, et suivant leur fréquence ou leur rareté. »

M. Pont, dans un article inséré dans l'Encyclopédie du droit (v° Commerce, tome IV, p. 514), est du même avis que M. Nouguier. « Il eût été, dit-il, d'une haute importance de déterminer d'une manière précise les caractères susceptibles d'imprimer aux conventions la qualité d'actes de commerce : mais les opérations commerciales touchent par tant de points aux transactions de la vie civile, elles offrent tant de nuances et sont si variées qu'il eût été difficile, sinon impossible, de donner une définition générale qui s'appliquât à toutes les spécialités. » Et ailleurs le même auteur : « les opérations commerciales offrent tant de nuances ; elles se compliquent de tant de difficultés et touchent si souvent et par tant de liens aux transactions de la vie civile, qu'il est bien difficile de leur assigner une limite exacte en les appuyant sur des principes absolus. » (V. *loco cit.* n° 191, p. 557.)

Il faut avouer que les difficultés que M. Nouguier et Pont indiquent n'ont rien de chimérique, il semble que l'on ne puisse attendre aucune lumière des études qui la procurent ordinairement. L'étude de la jurisprudence ne sert pas plus que celle de la doctrine. Les décisions de la jurisprudence, qui sont en tant d'occasions le commentaire naturel et excellent de la loi, sont en ce qui concerne les actes de commerce tout à fait insuffisantes : non que les arrêts manquent, il y en a beaucoup ; peu de semaines s'écoulent sans que la question des actes de commerce ne se présente devant la justice ; mais ces décisions reposent le plus souvent sur la question même qu'elles devraient trancher, et supposent résolu le point à résoudre.

D'autres fois la question à résoudre est résolue ; mais elle ne l'est pas par des principes. Ceux-ci étant cachés aux yeux du juge, il a demandé sa raison de décider à des considérations morales, politiques, économiques, dont peut se préoccuper celui qui fait la loi, mais non celui qui est chargé de l'appliquer. Le commanditaire est-il dans la situation de faire acte de commerce ? la question est délicate : faute de principe pour la trancher, on a recours à des considérations d'intérêt public. si l'acte du commanditaire est commercial, il entraîne la contrainte par corps : on prend cette raison de conclure que cet acte n'est pas commercial ; en déployant trop de rigueur, en autorisant l'exercice de la contrainte par corps, on effrayerait les capitalistes et on éloignerait les fonds ; on arriverait donc au résultat le plus défavorable aux sociétés.

La Cour de Dijon déclare « que l'introduction de la com-
« mandite dans la législation a eu pour but principal de faci-
« liter le concours dans les affaires commerciales des capitaux
« appartenant à des personnes auxquelles leurs positions et
« leurs fonctions interdisent les actes de commerce, et qu'il
« est d'un intérêt public, bien entendu, de ne pas lui enlever
« ce caractère. (21 mars 1851, D. P., 1852, 55.) » La raison de décider paraît si excellente que la cour de Dijon, ayant à juger la même question six ans après, reprend *in terminis* la même considération, et déclare « que l'introduction de la comman-
« dite dans la législation a eu pour but principal de faciliter le
« concours, dans les affaires commerciales, des capitaux ap-
« partenant à des personnes qui, par leur position ou par leurs
» fonctions, ne veulent ou ne peuvent se livrer à des actes de
« commerce, ni s'exposer aux suites qu'ils entraînent, et qu'il
« est d'un intérêt public, bien entendu, de ne pas enlever à
« ce contrat son véritable caractère. (4 août 1857, D. P., 1858, II, 117.)

Les considérations de ce genre sont plus faciles à découvrir que les principes ; aussi les auteurs, suivant l'exemple de la jurisprudence, vont-ils y chercher la raison de décider. Les achats et reventes d'immeubles sont-ils des actes de commerce? Un auteur se livre, à l'occasion de cette question de droit, à l'examen de ce problème d'économie sociale : « Dans un pays comme la France, et sous l'auspice des institutions qui nous régissent, le morcellement de la propriété est-il désirable? » (Bédarride; des Sociétés, tome I, p. 102, n° 90 et 91.)

Veux-t-on de curieux exemples de l'incertitude des esprits à l'endroit des principes de la matière : En 1807, le tribunal de Nancy, dans ses observations, disait : « Les transactions commerciales n'ont, par leur nature et leurs résultats, aucune différence essentielle avec les transactions ordinaires » et les rédacteurs du projet de Code prétendaient au contraire que « les transactions commerciales diffèrent essentiellement des transactions ordinaires par leur nature. (Discours préliminaire, p. xxxiii).

« Veut-on un exemple plus récent :

« Les art. 632 et 633 sont limitatifs, cela a été maintes fois « jugé et tout le monde le reconnaît, » dit M. Michaux Bellaire dans la *Revue du Droit commercial* (Mars 1864, p. 129); et le mois suivant (avril 1864), M. Cardot, dans la même Revue (page 181), commence un article en ces termes : « L'art. 632 du code de « commerce relatif au commerce de terre, et l'art. 633 relatif « au commerce de mer, contiennent une énumération des « actes que la loi répute commerciaux. Cette énumération est-« elle limitative? MM. Delamarre et Le Poitevin l'ont pensé. « mais leur opinion n'a été consacrée ni par la jurisprudence « ni admise dans la pratique. Je considère comme démontré ce « principe que les art. 632 et 633 sont simplement énonciatifs. »

On ne peut se défendre d'un sentiment triste quand on pense que cette incertitude des principes se traduit par une grande incertitude sur les matières de compétence, ajoute aux frais en multipliant les procédures inutiles, et qu'enfin la liberté des citoyens est exposée dans ces contradictions répétées.

On trouve dans les observations des tribunaux d'appel et de commerce relatives au projet de code de commerce, des réflexions fort belles sur l'importance d'une définition de l'acte de commerce.

Peut-être les auteurs de notre loi commerciale n'ont-ils pas suffisamment rempli l'objet qu'ils avaient en vue, puisque après 50 ans, les commentateurs cherchent encore à deviner la pensée de la loi ; mais il n'en est pas moins certain que l'importance d'une bonne définition de la commercialité a frappé le législateur de 1807.

Le tribunal de Caen, dans ses observations sur le projet de code de commerce, disait : « Pour fixer d'une manière précise la compétence des tribunaux de commerce, dont l'attribution spéciale se règle sur la nature seule de l'obligation ou du négoce qui donne lieu au procès, il est essentiel de bien expliquer ce qu'il faut entendre par ces mots : faits de commerce. »

Le tribunal d'Orléans disait : « Il est infiniment intéressant de prévenir les prétextes d'attenter à la liberté des citoyens, »

Le tribunal d'appel séant à Aix : « le fait de commerce fait perdre au mineur les priviléges de son âge, à la femme les prérogatives de son sexe, à tous les citoyens le droit d'être jugés par les tribunaux ordinaires. Il les soumet à la juridiction des tribunaux de commerce, à la contrainte par corps, et à la contrainte dégagée des lenteurs et des formes protectrices de la liberté. Il est nécessaire de bien prévoir ce qu'on entend par un mot qui doit produire de pareils effets. Il ne doit rien y avoir de magique dans son sens, afin qu'il n'y ait ni surprise, ni arbitraire dans son application. »

§ IV.

Il est juste de reconnaître que les auteurs qui se sont livrés à l'étude du droit commercial ont tous compris la difficulté, se sont tous appliqués à la résoudre, et que ceux qui ont renoncé à découvrir un système qui leur parût offrir une solution satisfaisante, n'ont pris ce parti qu'après de sérieux efforts. Les uns ont cherché l'essence de la commercialité dans la nature des personnes à qui s'adressait l'acte, d'autres dans la différence à établir entre le droit des gens et le droit civil, d'autres dans la nature des actes, d'autres dans la nature des choses à l'occasion desquelles les actes se produisaient, d'autres dans une détermination arbitraire à la loi.

Ce sont ces différentes opinions qu'il importe d'abord de faire connaître.

1re. OPINION. Le principe de la commercialité est dans la qualité des hommes avec lesquels s'accomplit l'acte dont il importe de déterminer le caractère. L'un des termes du rapport, établi par une opération, est-il *le public?* l'opération est un acte de commerce.

M. Michaux-Bellaire a mis en lumière ce principe de la manière la plus éclatante.

« D'après la loi, l'acte de commerce ne peut résulter que d'une opération directe avec les tiers. Il faut des relations ouvertes et manifestes avec le public, des opérations dont le caractère extérieur ne prête à aucune incertitude ; en veut-on des exemples? Le marchand qui reçoit le public dans sa boutique, le banquier qui s'occupe de la négociation des valeurs et effets, l'assureur maritime qui traite avec les armateurs et les chargeurs, l'industriel qui achète des matières premières pour les fabriquer et les revendre, tous font acte de commerce. C'est que tous en effet s'affirment vis-à-vis du public ; tous agissent ouvertement, tous traitent directement avec les tiers. » (Revue du droit commercial, mars 1864, p. 135.) La Cour de Dijon adopte cette idée, et elle s'en sert pour décider que l'acte du commanditaire qui souscrit à une société commerciale n'est pas un acte de commerce : « considérant que l'acte de commerce ne résulte que de l'offre et de la disposition de l'agent à l'égard du public, et que le commanditaire ne peut faire cette disposition sans perdre sa qualité. » (V. 21 mars 1851. D. P. 1852-55.)

Ces idées ne nous paraissent pas justes. Quand il s'agit d'établir la qualité de commerçant, il est certain que les rapports avec le public sont nécessaires : on n'est pas commerçant à huis-clos. Le commerce est une *profession*, et l'idée de profession représente un fait public ; une personne ferait des actes de commerce toute sa vie qu'elle ne serait pas commerçante si elle faisait ces actes sous un nom d'emprunt ; spécialement le commanditaire n'est pas commerçant quand même on déciderait qu'il fait des actes de commerce. En second lieu, si l'on décidait qu'il n'y a pas commerce là où il n'y a pas offre au public, il ne s'ensuivrait pas que toute offre au public constituât un fait commercial. Le propriétaire qui vend sa récolte au plus offrant, le portefaix qui offre le service de ses forces au public ne font pas acte de commerce. On pourrait soutenir que l'offre au public est une condition de l'acte de commerce ; mais on ne peut soutenir que ce soit la condition substantielle : puisque cette condition peut être remplie, et l'acte n'être pas commercial.

2º OPINION. Le caractère propre des relations commerciales c'est que ces relations appartiennent au droit des gens et non au droit civil.

Le défaut de cette distinction c'est qu'elle repose elle-même sur la plus obscure et la plus inintelligible des distinctions. Qu'est-ce en effet que le droit civil opposé au droit des gens, et que le droit des gens opposé au droit civil ? « Le droit des gens, dit un jugement du tribunal de Grenoble, est celui que les besoins de la société humaine, la raison naturelle, et un usage général ont établi chez les nations civilisées et dont elles usent sans distinction les unes à l'égard des autres, tandis que le droit civil est celui que chaque nation crée pour son usage ou son utilité particulière, soit en ajoutant au droit naturel et des gens, soit en y retranchant quelque chose. » (D. P. 1851, II, 11.)

Cette définition, empruntée au droit romain (Loi 9. ff. de Justitia et Jure — Institu. de Jure natur. gentium et civili, §§ 1 et 2), n'a aucune valeur dans notre droit.

3º OPINION. M. Massé définit le commerce une spéculation où l'on achète afin de revendre, et où l'on vend ce qu'on a acheté pour le revendre.

Cette définition, vivement critiquée par MM. Delamare et

Lepoitvin pour des motifs qui ne sont pas les nôtres (voir Traité de la Commission, tome VI, p. 21, n° 10 et la note), ne nous satisfait pas, parce qu'elle exclut de la classe des actes de commerce tous les faits qui ne sont pas les achats pour revendre et qu'elle est ainsi beaucoup trop étroite ; mais elle est excellente en ce qu'elle place dans les actes eux-mêmes la nature de la commercialité, et non dans les choses à l'occasion desquelles les actes interviennent.

C'est cependant précisément cette idée que combattent MM. Delamarre et Lepoitvin. « Qu'un fait soit commercial ou « qualifié de commercial par abstraction des personnes, on le « conçoit ; mais qu'un fait soit commercial considéré par lui-« même et par abstraction de la chose à laquelle il s'applique, « c'est ce qu'il est difficile de comprendre. Dire qu'il peut « exister une vente sans une chose vendue, un commerce « sans une chose commerçable, serait un non-sens. » (Delamarre et Lepoitvin, de la Commission, t. VI, p. 21,22, n° 9.)

Ce reproche ne nous paraît pas fondé. Il nous paraît très-facile de comprendre que le caractère d'un fait soit considéré, abstraction faite de la chose à l'occasion de laquelle le fait intervient. Il n'existe pas de vente sans une chose vendue ; mais pour décider si un contrat est une vente ou un louage, nous ne pensons pas qu'il faille rechercher si la chose, à l'occasion de laquelle le contrat est passé, est une chose mobilière ou immobilière.

Le système de M. Delamarre irait à placer dans les choses mêmes la marque de la commercialité.

C'est l'opinion de quelques auteurs.

4me OPINION. Le caractère des actes de commerce, c'est d'être peu compliqués, soumis à des formalités faciles et d'avoir pour objet des valeurs dont le caractère mobilier assure la rapide transmission. Pour déterminer le caractère de l'acte, il faut regarder à la nature de l'objet sur lequel il porte, de la chose qu'il frappe. « Il ne suffit pas que cette chose soit sus-« ceptible d'achat et de vente ; il faut, de plus, que la transmis-« sion de main en main soit prompte et facile, et que, par sa

« nature, elle se prête, à l'aide d'un prix courant habituelle-
« ment déterminé, au trafic et aux rapides mouvements de la
« spéculation » (rapport de M. le conseiller Mesnard devant la
chambre des requêtes dans l'affaire Souvigny c. Pantrot, 4 Juin
1850, D. P. 1850, I, 164). Dans ce système, les choses se divisent en choses civiles, et choses commerciales. Les opérations ayant pour objet les choses commerciales sont commerciales, sont actes de commerce.

Cette théorie paraît tacitement consacrée par plusieurs décisions de Justice. Le tribunal de commerce de la Seine, le 8 avril
1852, dans une affaire Munster et de Jeanson, rendait un jugement de compétence ainsi conçu : « Attendu que Jeanson a fait
à la Bourse plusieurs achats importants et notamment des
achats d'actions industrielles ; que dès lors il a fait des actes de
commerce, et qu'il est pour ce fait justiciable de tribunaux de
commerce. (Journal des trib. de commerce, 1852, n° 113, p.
146, 147.)

Le tribunal ne relève pas un fait d'achats suivi d'un fait de
revente ; il paraît ne s'attacher qu'à cette circonstance que les
choses achetées avaient un caractère commercial.

On trouve la trace de cette idée bien plus vive dans un arrêt
rendu par la Cour de Paris, le 16 novembre 1852 sous la pré-
sidence de M. Troplong.

Considérant qu'un brevet d'invention est par sa nature une
chose civile, et non une marchandise. (Teulet, 1853. p. 51
n° 438.)

Nous verrons plus loin combien ce système est mal fondé.

5ᵐᵉ OPINION. La distinction des actes en actes de commerce,
et actes de la vie civile est arbitraire. C'est l'opinion de MM. Delamarre et Lepoitvin. « La spécification des actes de commerce, par opposition aux autres actes de la vie humaine, la
profession qui en est la suite, et la faillite qui peut s'ensuivre
n'existent pas, *de rerum natura*. Toutes trois, d'institution
civile, n'ont d'autre raison d'être que le vouloir du législateur
qui les a créées. Elles ne peuvent être que telles qu'il a voulu
qu'elles fussent ; par conséquent elles ne peuvent exister que

d'une manière conforme en tous points aux définitions qu'il en donne. Ces définitions elles mêmes sont des lois stéréotypées. *Sint ut sint.* On ne peut y intercaler, ni en déranger une lettre. En un mot ce sont des lois arbitraires, c'est-à-dire qui n'ont pas leur source dans la nature des choses. Or des lois de cette espèce ne s'étendent pas plus, et, s'il était possible, s'étendraient encore moins qu'on ne peut les restreindre. *Quod vero contra rationem juris receptum est, non est producendum ad consequentias.* Loi 14 D, de legib. » (Delamarre et Lepoitvin, Traité de droit commercial, livre I, p. 85, principes généraux.) Mais, si arbitraire que soit la classification des actes de commerce, elle a été établie d'après certains procédés. MM. Delamarre et Lepoitvin se demandent « quels sont les éléments « de cette classification ? par quel procédé l'a-t-on établie ? » ils se répondent : « D'abord toutes les choses qui entrent dans « notre patrimoine ont été rangées en deux grandes divisions, « les immeubles et les meubles ; division qui a son fondement « dans la nature, puisqu'il est des choses qui se meu- « vent ou que l'on peut mouvoir, et des choses qui ne se « meuvent pas ; mais division arbitraire parce que, dans sa « généralité elle comprend des choses qui ne sont ni meubles, « ni immeubles, des choses incorporelles et, sous ce rapport, « elle est fausse, au dela du vrai, *præter naturam*. — Cette « première division opérée, on a établi législativement que « les meubles seuls peuvent être la matière d'opérations « commerciales, que seuls ils peuvent entrer dans le domaine « du commerce proprement dit. » (Delamarre et Lepoitvin, droit commercial, tome I, p. 76, n° 34).

Dans ce système, la question si un acte est ou n'est pas commercial se résout par le procédé suivant : on cherche si l'acte est ou non défini comme acte de commerce par le Code. « Le « Code spécifie les actes de commerce, et tout acte qui n'y « est pas spécifié est en dehors des limites commerciales. » (Delamarre et Lepoitvin. Traité de droit commercial t. 1, p. 76. n° 34.)

Ce système a à nos yeux deux défauts : la théorie en est

erronée, et la pratique impossible. 1° Il est la négation des principes, et de la science même du droit. 2° Il est impraticable.

Il est bien certain qu'il ne faut pas établir une détermination des actes de commerce qui ne serait pas celle de la loi ; qu'il ne faut pas imaginer à côté et en dehors des dispositions de la loi ; mais il est également certain, qu'il est légitime de méditer les dispositions de la loi, de les comparer, de les rapprocher, de chercher ce qu'elles ont de commun, et de dégager des applications particulières l'idée générale, et cette idée générale une fois connue et démontrée, d'en tirer à nouveau des applications. C'est là le plus légitime des procédés d'interprétation de la loi, et s'il fallait pour le consacrer l'autorité d'un ancien, ce serait le cas de citer cette pensée de Celsus : « *Scire leges, non est verba earum tenere, sed vim ac potestatem* » (loi 17. ff. *de Legibus*).

Le système de M. Delamarre se heurte a une difficulté pratique. Si les termes de la loi sont l'expression non d'une idée générale, mais d'une volonté arbitraire, ils sont limitatifs : ils ne peuvent être étendus par voie d'analogie : il faut les entendre *stricto sensu*. C'est en effet l'idée de M. Delamarre ; mais où une pareille idée conduirait-elle ? s'il n'y a acte de commerce que dans les cas formellement, expressément, et en quelque sorte nominativement prescrits par la loi, il en résulte que le nombre des actes de commerce est prodigieusement diminué ; et MM. Delamarre et Lepoitvin sont forcés de ne pas obéir aux conséquences de leur système. Ainsi ils admettent que l'achat et la revente de choses incorporelles peuvent constituer un acte de commerce : et cependant la loi ne parle que des achats *de denrées et de marchandises*.

6ᵉ OPINION. Le caractère de commercialité, c'est la spéculation, et la spéculation, c'est la recherche du gain, du lucre : qu'une personne stipule ou s'engage dans une opération dont l'objet est pour elle une jouissance, un usage personnel de consommation, il n'y a rien de commercial dans cette stipulation, dans cet engagement. Qu'une personne achète un cheval pour le monter, ou qu'elle le vende parce qu'elle n'en veut plus et préfère avoir l'argent qui représente la valeur de ce cheval, il n'y a pas là de spéculation ; il n'y a par conséquent pas de fait commercial ; que la même personne au contraire achète un cheval non pour en jouir, mais pour le revendre, et dans l'intention de réaliser un bénéfice en revendant plus cher qu'elle n'aura acheté : il y a là recherche d'un gain, d'un lucre, spéculation, et partant fait commercial. « C'est le désir, c'est l'espoir d'un bénéfice dans la vente de la « chose achetée... qui constitue ce qu'on appelle vulgairement « spéculation » et « la spéculation est l'essence même de l'acte « de commerce. » C'est le système de M. Pardessus. (*Traité de Droit commerc.*, t. I, p. 12) ; c'est également celui de M. Pont : « Tout acte qui, en raison soit de sa nature, soit de son im-« portance relative, soit de la qualité des parties, soit de leur « intention, est présumé avoir pour objet le commerce ou la « *spéculation*, est un acte commercial. Ainsi le caractère dis-« tinctif de cette classe de conventions, c'est la spéculation. » (*Encyclopédie du Droit, — Commerce*, t. IV, p. 514.)

Cette dernière opinion est incomplète si elle n'est pas erronée : en effet, si elle suppose que la spéculation est de la nature de l'acte de commerce, elle est fondée, mais il reste à déterminer ce qui est l'essence même de l'acte de commerce, et c'est ce que ne fait pas cette opinion ; ou bien, si elle suppose que la spéculation est de l'essence de l'acte de commerce, elle est erronée ; car il devrait s'ensuivre que toute spéculation fût un acte de commerce. Or, c'est ce qui n'est pas. Le propriétaire qui ne vend pas sa récolte dans une année, où le blé est abondant, mais la conserve pour l'année suivante, afin de la vendre plus cher, fait certainement une spéculation : le portefaix qui offre de porter un fardeau, n'a pas en vue l'exercice de ses forces, mais il a en vue le salaire, qui constituera son gain : cependant, quelque intéressé que soit le fait de l'un et de l'autre, quelque idée de spéculation qu'on puisse y trouver, il n'y a pas dans ces faits de commercialité.

Aucune de ces opinions n'étant fondée suivant nous, il ne

s'ensuit pas que les idées sur lesquelles elles reposent soient fausses. La plupart sont au contraire très-vraies, et l'occasion se présentera pour nous d'en faire l'application : mais ce que nous prétendons, c'est que si les idées que nous venons de passer en revue, peuvent dans des mesures différentes servir à déterminer la nature ordinaire des actes de commerce, ce n'est à aucune de ces idées qu'il faut s'attacher, pour pénétrer dans l'essence même de la commercialité des actes de commerce.

C'est maintenant qu'il nous faut indiquer l'idée que nous croyons l'idée essentielle. C'est là précisément l'objet de ce travail.

PREMIÈRE PARTIE

DES
CARACTÈRES ESSENTIELS DE L'ACTE DE COMMERCE

CHAPITRE PREMIER

De l'Entremise.

La plus simple observation suffit pour faire reconnaître que les personnes qui, prenant part aux affaires, ont par suite des réclamations à élever, ou à satisfaire, se divisent en deux classes. Dans l'une, se rangent naturellement et sans aucune détermination arbitraire, les personnes qui, par leur travail, ou par celui d'autrui, sont propriétaires et usent de leur propriété. Ce sont les propriétaires, les capitalistes, ou pour user d'un mot employé par la science des économistes, les producteurs. Dans la seconde classe, se rangent tout aussi naturellement et par la simple force des choses, les personnes qui veulent acquérir, se procurer ce dont les premières veulent se défaire. Ce sont les consommateurs. Les deux classes se font vis-à-vis. Celui qui produit, cherche celui qui consomme ; le prêteur cherche l'emprunteur, le vendeur l'acheteur, le propriétaire le locataire, etc., etc.

Cette distinction il faut bien le comprendre, ne crée pas dans la société l'antagonisme ; elle n'est que l'expression d'un rapport unique ; mais, dans la réalité des faits, une suite indéfinie de rapports de la même espèce existant, l'antagonisme est impossible ; en effet, tout homme est à la fois producteur et consommateur, producteur d'ordinaire par un point seulement, consommateur par mille. Le capitaliste, par exemple, qui semble n'avoir qu'à offrir ses capitaux, si on l'envisage à un certain point de vue, se trouve lui-même avoir à demander des services de tous côtés, si on le considère à d'autres points de vue.

Cela dit, on conçoit que certaines personnes aient pour fonctions, et pour emploi dans la société, de s'entremettre entre ceux qui ont, qui veulent se défaire de ce qu'ils ont, d'une part, et ceux qui n'ont pas, qui veulent se procurer ce qu'ils n'ont pas, d'autre part. Cette entremise est le commerce même ; ceux qui s'y livrent sont commerçants, les faits qui constituent cette entremise sont des faits, des actes de commerce.

Veut-on voir le commerce dans une de ses manifestations les plus éclatantes? le Nord de l'Europe produit des fers, des bois, des charbons, des chanvres; le Midi, des huiles, des blés, des vins : ce sera le commerce qui, prenant au Nord ses produits, ira les offrir au Midi, et prenant en retour les produits du Midi, viendra les offrir au Nord. Veut-on saisir le commerce dans une de ses manifestations les plus humbles ? c'est lui qui, recevant du fabricant ou du marchand en gros la feuille de papier, sur laquelle je trace ces lignes, s'est chargé de me la procurer, me dispensant, ou de la fabriquer moi-même, ou de me déranger pour l'aller chercher sous les cylindres de la papeterie !

Le commerce est donc l'intermédiaire, au moyen duquel s'établit le rapport entre l'offre, d'une part, et la demande de l'autre.

Au point de vue des principes rigoureux de la science économique, les faits commerciaux n'ont pas un caractère propre, et ne se distinguent pas des faits de production d'une part, des faits de consommation de l'autre. La personne qui met en rapport le producteur et le consommateur, est elle-même aux yeux de la science un sujet de la loi de l'offre et de la demande, un producteur et un consommateur. Elle produit un service, service échangeable, très-réel. Celui qui, achetant du blé à Odessa, l'apporte à Marseille, est un producteur tout aussi bien que le propriétaire qui, dans les plaines d'Odessa, a fait venir le blé et a récolté le produit de sa terre : mais ces idées ont encore une certaine subtilité ; la science les a dégagées depuis peu de temps par une analyse extrêmement délicate ; elles n'étaient pas encore établies, lorsque la loi commerciale de 1807 fut instituée, et encore aujourd'hui il serait prématuré de les mêler à l'application de nos lois, et à leur interprétation.

Les faits de commerce étaient donc pour le législateur de 1807 et doivent demeurer pour les interprètes de la loi de 1807, des faits d'un ordre spécial, et soumis en conséquence à des règles particulières.

L'entremise peut prendre différents caractères : — tantôt le rôle de l'intermédiaire est un rôle fort important. Il achète un objet pour le revendre ; l'entremise se fait par des transmissions de propriété successives. L'objet aliéné par un premier vendeur, le producteur, ou celui qui tient la place du producteur, arrive aux mains de l'intermédiaire qui se l'approprie, le fait sien pour un temps plus ou moins long, et aliéné par l'intermédiaire, passe, par une revente, des mains de celui-ci dans celles d'un acquéreur définitif : c'est dans ce cas que l'entremise se dégage le plus énergiquement, dans ce cas que l'acte de l'intermédiaire se dessine avec le caractère le plus accusé ; — tantôt, au contraire, le rôle de l'intermédiaire s'efface. Celui-ci se contente de mettre en rapport le vendeur, et l'acheteur ; il va à l'un proposer d'acheter, à l'autre proposer de vendre, mais il n'achète pas lui-même l'objet du marché ; il n'en prend même pas possession. C'est dans ce cas que l'entremise a le moins d'importance, qu'elle se confond d'avantage avec la vente et l'achat, les deux termes entre lesquels elle agit.

Mais il est un point à retenir, c'est que, si effacé que soit le rôle de l'intermédiaire, il faut, pour qu'il y ait entremise, trois personnes ; une qui vend, une qui achète et une qui s'entremet entre les deux. Robinson et Vendredi, dans leur île, ne pouvaient faire de commerce ; qu'un troisième habitant fût venu, et le commerce fût devenu possible. L'idée « d'entremise » exigeant naturellement deux personnes, entre lesquelles une troisième agit, du moment qu'il n'y a que deux personnes, il ne peut y avoir d'entremise, ni par conséquent d'acte de commerce.

Les conséquences pratiques de cette proposition, qui résulte naturellement des principes, sont nombreuses.

Ainsi, l'auteur qui vend son livre, le peintre qui vend son tableau, le propriétaire qui vend les récoltes de sa terre, le vigneron qui vend son vin, l'ouvrier qui loue son travail, l'inventeur qui cède le brevet qu'il a pris pour son invention, ne font pas acte de commerce.

CHAPITRE II

De la Spéculation.

Le second élément de la commercialité, c'est la spéculation. Là où il y aurait simplement entremise, il n'y aurait pas fait de commerce; le fait de commerce ne commence que là où à l'entremise vient se joindre la spéculation.

La nature et la nécessité de cette seconde condition, doivent être expliquées: le mot spéculation ne peut entrer dans une définition qu'à la condition d'être lui-même défini; c'est l'objet d'une remarque très-juste de MM. Delamarre et Lepoitvin (de la Commission, tome VI, p. 21, 22, n° 9). Il semble que l'on peut définir la spéculation l'intention de rechercher un bénéfice dans une opération.

En disant que la spéculation est une recherche, on entend que l'obtention du bénéfice, le succès de l'effort n'est pas nécessaire pour qu'il y ait spéculation; en disant que la spéculation est une intention, on indique qu'elle a son existence dans la volonté même des personnes, et non dans les actes qu'elles peuvent produire. L'obtention du bénéfice n'est pas nécessaire, pour qu'il y ait spéculation; là où contre la volonté du spéculateur, le bénéfice est nul, l'opération ne perd pas son caractère de spéculation. J'achète du coton au Havre, à raison de 1000 francs les cent kilos, pour les revendre avec bénéfice à Amiens. Il se trouve, mon opération terminée, que mon prix de revente n'ayant été que de 900 francs, mon opération ne m'a procuré aucun bénéfice. Elle n'en reste pas moins opération de spéculation. C'est le cas de dire en empruntant les expressions dont on se sert dans un autre ordre d'idées, que pour la spéculation, il ne faut pas tout à la fois le *consilium lucri*, et l'*eventus;* le *consilium* suffit. L'intention a son existence dans la volonté des parties ; les actes ne sont que les indices de cette volonté. La spéculation peut exister dans une opération qui consiste à acheter, puis à revendre ; mais ce n'est pas l'achat d'une part et la vente de l'autre, qui constituent la spéculation. « On voit souvent, dit M. Pardessus (Traité de droit comm. I, p. 11) des amateurs de tableaux, de livres, rechercher et acquérir les objets de cette espèce, dans la vue de se procurer des assortiments par voie d'échange ; acheter dans un lot des tableaux ou des livres qu'ils possédent déjà pour ne pas manquer l'occasion d'en acheter d'autres qu'ils désirent et qui y sont joints ; presque toujours ils revendent les doubles, où même, une nouvelle direction donnée à leur fantaisie peut les porter à se défaire de ce qu'ils ont acheté. » Dans tous ces cas, il n'y a pas de spéculation, quoiqu'il y ait achat et revente, à moins de circonstances spéciales.

La définition de la spéculation suppose la connaissance de l'idée représentée par le mot *bénéfice*.

L'idée qu'on représente tantôt par ce mot *bénéfice*, tantôt par les mots *gain, profit, lucre, émolument*, et l'idée représentée par les mots *perte, dommage, dépense, débours, préjudice, frais*, sont des idées assez complexes et dont la parfaite intelligence est nécessaire à la connaissance de notre matière. On ne peut se faire qu'une idée incomplète de la commercialité si l'on ne sait très-bien ce qu'il faut entendre par *spéculation*, et l'on ne peut entendre le mot *spéculation*, si l'on n'a l'idée claire du bénéfice.

Il est d'abord certain que des différences existent entre

les mots *bénéfice*, *profit*, *gain*, *émolument* et entre les mots *perte*, *préjudice*, *dommage*, *frais* : ces différences n'ont aucune portée juridique et il n'y a d'intérêt à les relever que pour le littérateur, et le linguiste. Dans la langue du droit, *bénéfice*, *gain* et *profit* sont équivalents entre eux, de même que *perte*, *dommage*, *frais* et *préjudice*. Nous nous servirons, pour exprimer les idées communes qu'indiquent ces mots différents, des termes *bénéfice* et *perte* comme des plus usuels.

Cela dit, nous ferons en premier lieu remarquer que les idées exprimées par ces deux termes sont corrélatives : le bénéfice est le corrélatif de la perte ; rien n'est plus aisé à comprendre.

Maintenant quelle est l'idée qu'éveillent dans l'esprit des gens du monde ces termes, *bénéfice*, *perte ?* Rien encore de plus simple. Un bénéfice dans la langue du monde est un avantage quelconque, moral ou matériel, d'intérêt ou de sentiment que l'on recueille d'une chose ou d'un fait, comme une perte est un préjudice quelconque, moral ou matériel, d'intérêt ou de sentiment qui est causé par un fait, ou que l'on éprouve à l'occasion d'une chose. « La considération est un des bénéfices de la « probité. — La mort d'un père est la perte la plus grave que puisse faire un jeune homme. » Entendus dans ce premier sens, il est manifeste que si *bénéfices* et *pertes* peuvent faire l'objet d'une convention, ils ne peuvent faire l'objet d'un contrat — ils ne peuvent faire davantage l'objet d'une spéculation — M. Pardessus cite « le cas où l'État, une ville, par précaution contre la disette, achètent du blé qu'ils se proposent de débiter, et que, dans le fait, ils vendent quelquefois moins cher qu'il ne leur a coûté » (Droit commercial t. I, p. 12). On peut citer le cas de certaines personnes charitables qui achètent en gros des denrées et les revendent à des ouvriers en détail, afin de les faire profiter du bénéfice. Les intermédiaires, dans ces cas, ne sont pas spéculateurs parce que le bénéfice qu'ils recherchent est un bénéfice inappréciable en argent.

L'idée de *bénéfice* et de *perte* prend un caractère spécial pour devenir une idée juridique : au point de vue du droit, il n'y a bénéfice que s'il y a un avantage appréciable en argent ;

perte que s'il y a préjudice appréciable en argent. Veut-on un exemple? Un propriétaire, en louant une maison à une personne, lui assure qu'elle aura dans le voisinage le moyen d'établir des relations de société fort agréables. La jouissance de la maison sera pour le locataire un bénéfice appréciable en argent, mais la facilité de nouer des relations de société n'est pas un avantage de cette nature. — Une mère perd un petit enfant tendrement aimé ; il y a là une perte au point de vue du monde ; mais il n'y a pas perte au point de vue de la loi, parce qu'il n'y pas possibilité d'établir une appréciation en argent. Au contraire, s'agit-il d'un enfant qui perd ses parents victimes d'un accident, la perte faite par l'enfant de ceux qui lui devaient aide, secours, éducation et assistance, est appréciable en argent!

Cette première distinction faite, on entend la signification qu'il faut attacher aux mots *bénéfices* et *pertes* et au mot *spéculation* dans la langue du droit et comment, en particulier dans notre matière, ne serait pas un acte de commerce un fait d'entremise qui n'aurait pour objet qu'un bénéfice non appréciable en argent.

Il convient maintenant d'indiquer une autre distinction, et il faut pour cela analyser l'idée assez complexe que renferment ces mots *bénéfices* et *pertes*, entendus dans leurs sens juridique.

Analysant cette idée, on trouve que, assez ordinairement, les faits qui procurent un bénéfice entraînent certaines pertes, et que réciproquement les faits, qui nous causent quelque perte sont rarement sans bénéfice. J'achète un cheval à raison de 800 francs, je le vends 1,000 francs le lendemain. Il est certain que je fais un bénéfice, mais aussi j'ai dû consentir à une perte, à une dépense, à un débours, j'ai dépensé le prix que j'ai payé le cheval. — Je dépense 20 francs pour aller passer ma soirée au spectacle. Il est certain que je fais une dépense, c'est-à-dire une perte, celle de 20 francs, mais j'obtiens un bénéfice, le plaisir de passer ma soirée agréablement. Multipliant les exemples à l'infini on trouverait toujours la même correspondance.

Cela dit, on entend par bénéfice *brut* l'avantage qu'une personne retire d'un fait quand cet avantage est considéré seul, sans que l'on déduise de la somme qui le représente, la somme qui représente la dépense, la perte subie à l'occasion du même fait. On entend par *perte brute* la dépense qu'une personne subit à l'occasion d'un fait, lorsque cette dépense est considérée en elle-même, sans qu'on déduise de la somme qui représente la perte la somme qui représente le bénéfice. On entend au contraire par *bénéfice net* l'avantage qu'une personne retire d'un fait, quand on a tenu compte, par une déduction, des dépenses qu'elle a subies à l'occasion de ce fait; de même pour les pertes nettes ou *sèches*.

Je dépense 800 fr. pour acheter un cheval que je revends 1000 fr. Mon bénéfice brut est de 1000 fr., mon bénéfice net est au plus de 200 fr.

J'achète 1000 fr. un cheval que je revends 800 fr. Ma perte brute est de 1000 fr., ma perte nette ou sèche n'est que de 200 fr.

Le plus souvent, quand on parle d'un bénéfice, on entend parler d'un bénéfice net; quand on parle d'une perte, on entend parler d'une perte nette; c'est ce que veut dire Vinnius dans les passages suivants : « Id demum pro lucro reputatur quod, deducto omni damno atque impensis, superest; quemadmodum, ex contrario, damnum non intelligitur nisi deducto omni lucro. (Vinnius, *ad Institut.*, livr. III, titre 26, § 2.)

C'est dans ce sens qu'il faut appliquer le principe des jurisconsultes « Non lucrum intelligitur nisi deducto omni damno » (Ulpien, *pro socio*, 30). « Illud tantum lucrum sit, quod, compensatione damni facta, liquido superest. » (Covarruvias, t. II, liv. III, c. 2, conclus. 2.) « Le bénéfice est l'émolument qui s'ajoute à la masse des biens du père de famille, après que toutes les dettes ont été payées. » (Troplong, de la Société, p. 18, n° 12.)

Quelle conclusion pratique faut-il tirer de ces explications? La voici : c'est que, soit dans l'interprétation des conventions, soit dans l'interprétation des dispositions de la loi, il faudra, quand on rencontrera l'idée de bénéfice d'une part, ou l'idée de perte d'une autre, se demander s'il faut avoir en vue un bénéfice net ou un bénéfice brut, une perte sèche ou une perte brute. La loi indique quelquefois elle-même s'il faut entendre l'un ou l'autre, opérer ou n'opérer pas la compensation entre les bénéfices et les pertes. (V. art. 51 de la loi du 3 mai 1841.) En général, dans le silence de la loi ou des contrats, par *bénéfices* on entend les *bénéfices nets*, par *pertes*, les *pertes nettes*. — Spécialement dans la matière qui nous occupe, il n'y aurait pas commerce dans le fait d'une personne qui ne chercherait que des bénéfices bruts.

On conçoit que, pour compenser les pertes et les bénéfices, on devra ne considérer que les pertes dont la cause a une corrélation intime avec la cause des bénéfices et réciproquement.

Faisons entendre cette règle par des exemples :

1ᵉʳ EXEMPLE. Pierre arme un vaisseau pour aller chercher des perles en Perse ; le vaisseau, pendant la navigation, subit des avaries considérables qui demandent, à la rentrée dans le port, des réparations s'élevant en dépenses à 500,000 : les perles rapportées se vendent 600,000. Il est manifeste que la cause des bénéfices et celle de la perte sont liées par une corrélation intime. Pierre n'aurait pas eu son vaisseau endommagé et n'aurait pas eu une perte à subir, s'il n'avait pas tenté une expédition afin de vendre des perles. Il est donc certain qu'en liquidant cette opération, le montant des pertes devra être déduit du montant des bénéfices.

C'est une idée analogue que l'on exprime quand on dit que pour connaître le bénéfice d'un marchand sur la revente de la marchandise, il faut, de ce prix de vente, déduire le prix d'achat, les frais généraux de magasin, etc.

2ᵉ EXEMPLE. Pierre a deux vaisseaux : il envoie l'un en Perse chercher des perles, et l'autre en Amérique chercher des bois.

Le navire envoyé en Perse fait bon voyage, rapporte des perles qui se vendent fort cher ; il y a bénéfice ; on déduira du prix de vente des perles, qui est ce qu'on appelle bénéfice brut, les frais d'armement, de navigation du navire expédié en Perse. Le solde sera le bénéfice net, c'est-à-dire, à proprement parler, le bénéfice. Le navire envoyé en Amérique fait naufrage : l'armateur subit de ce chef une perte sans aucun bénéfice (une perte *sèche*). Faudra-t-il, en liquidant l'opération du navire envoyé en Perse, déduire la perte du navire expédié en Amérique, et atténuer la perte du navire expédié en Amérique par les bénéfices recueillis en Perse? Il semble qu'il n'y a pas corrélation.

Mais une difficulté se présente : comment savoir s'il y a corrélation entre la cause des pertes et la cause des bénéfices, entre le principe des recettes et celui des dépenses? Comment savoir si l'on doit liquider séparément diverses opérations, de manière que les bénéfices de l'une ne soient pas absorbés par les pertes de l'autre, les pertes de celle-ci couvertes par les bénéfices de celle-là? si l'on doit, au contraire, liquider ensemble, opérer la compensation entre les résultats de toutes les opérations? Il est certain que la corrélation qui existe entre les pertes et les recettes est un rapport découvert par l'esprit, et qui peut changer suivant la volonté des parties.

L'armateur qui a envoyé un navire en Perse et l'autre en Amérique est le maître de liquider séparément les deux opérations, de laisser à chacune ses bénéfices et ses pertes; il est le maître également de les liquider ensemble, et d'établir les compensations qu'il lui convient. Comment connaître la manière vraie de calculer, et y a-t-il seulement une manière plus vraie que l'autre?

Ici encore c'est par l'étude de la volonté du législateur, quand il s'agit d'une disposition de la loi, des parties, quand il s'agit d'un contrat, que l'on doit régler le mode de fixation des bénéfices ; ce sera la volonté du législateur ou des parties qui déterminera, *secundum subjectam materiam*, si l'on parle de bénéfices, quelles sont les pertes qu'il faudra déduire; si l'on parle de pertes, quels sont les bénéfices qui devront les atténuer.

Donnons un exemple pour montrer que les difficultés que nous indiquons ne sont pas chimériques, et que la méthode pour les résoudre est celle que nous venons d'exposer.

Il est, en matière de société, une règle incontestable dans son principe, c'est que, durant la société, aucune répartition du fonds social ne peut être faite entre les associés. Peuvent-ils au moins se distribuer les bénéfices de la Société?

Deux systèmes ont été longtemps en présence, et quand on analyse la divergence de ces systèmes, on reconnaît que la question qui les séparait était de savoir comment on devait calculer les bénéfices.

Dans un système on disait : « Les bénéfices d'une société ne se règlent pas sur chaque opération en particulier, ni sur les opérations faites pendant un certain temps, mais sur le résultat général et définitif des affaires, dettes et pertes déduites. Quand la société cesse, on compare la valeur du fonds social, à ce moment, avec celle qu'il avait à l'époque où le contrat s'est formé. La différence en plus constitue le bénéfice; la différence en moins est la perte; alors seulement les situations individuelles doivent se régler et se fixer. Il est d'usage, dans les sociétés commerciales, que les bénéfices constatés par les inventaires se répartissent chaque année entre les associés, mais ces allocations sont purement provisoires (Delangle, des Sociétés commerciales, p. 136, tome 1). La Cour de Paris adoptant cette idée déclarait, par arrêt du 11 février 1811, « que l'on n'estime profit réel de Société que ce qui reste de gain, *toutes* pertes déduites sur *tous* les profits des diverses affaires ou opérations d'une société; que dans une société contractée pour une série d'opérations et pour six années consécutives, les opérations, les unes heureuses, les autres désavantageuses, se compensent mutuellment, et ce n'est qu'en balançant tous les résultats particuliers de chaque année que l'on trouve le résultat unique et véritable de toute la durée de l'association, résultat final qui seul apprend s'il y a effectivement bénéfice ou perte; ... que les bénéfices annoncés par les inventaires partiels ne sont que des bénéfices présumés, reposant sur la supposition de la solidité et fixité des valeurs qui constituent l'actif, valeurs qu'un accident peut, d'un instant à l'autre, altérer ou détruire; que ce serait aller contre la nature des choses que d'admettre que des sommes touchées par anticipation sont des bénéfices, quand l'ensemble des résultats démontre qu'il n'y a pas eu de bénéfice. » (D. A., ancienne édit. V. Société, 12, 138.)

Dans le système contraire, on soutenait que les bénéfices d'une année ne devaient pas être réservés pour couvrir des dommages éventuels, que la compensation ne devait pas s'établir entre les bénéfices d'une année et les dépenses, les frais, les pertes même des années subséquentes, que la règle qui permettait aux associés de se répartir les bénéfices n'imposait pas la nécessité d'une pareille compensation, mais voulait seulement que les bénéfices de chaque année supportassent les dépenses de la même année.

La jurisprudence eût peut-être hésité longtemps entre ces deux combinaisons dont aucune n'était formellement indiquée par la loi, lorsque le législateur a autorisé, par une disposition expresse, la seconde de ces combinaisons en exigeant simplement le prélèvement d'une réserve sur les bénéfices actuels en vue des pertes futures.

On a choisi cet exemple pour montrer les différentes portées du mot *bénéfice*, et qu'un bénéfice n'est qu'un rapport de raison, que l'on établit de beaucoup de manières tout à fait arbitraires.

C'est encore ce qui va résulter de l'observation suivante.

On dit quelquefois que toute perte comme tout bénéfice a deux sortes de résultat, un résultat direct immédiat, et un résultat indirect, médiat plus éloigné. Cette idée paraît juste.

Un agioteur gagne à la Bourse 100,000 fr. Le bénéfice qu'il fait directement, immédiatement, c'est le gain de 100,000 fr. : voilà le résultat direct, immédiat de l'opération ; mais ces 100,000 fr. s'ajoutent à la fortune de cet agioteur ; il est plus riche de ces 100,000 fr. il y a accroissement dans son patrimoine, dans son bien-être matériel : c'est là un second résultat éloigné, médiat.

Le même agioteur, au lieu de gagner 100,000 fr., les perd. La perte qu'il subit directement, immédiatement, c'est un sacrifice de 100,000 fr. C'est là le résultat immédiat de son opération : mais ces 100,000 fr. perdus diminuent d'autant la fortune de cet agioteur; il est moins riche de 100,000 fr.: il y a diminution de patrimoine, de son bien-être matériel; c'est là le résultat indirect, éloigné, médiat de la perte.

Le plus ordinairement, toute perte et tout bénéfice ont ce double résultat; mais il n'en est pas toujours ainsi: dans certains cas, il y a dans une opération bénéfice direct, et perte indirecte, ou bien perte directe et bénéfice indirect.

Un agioteur jouant à la baisse achète des valeurs et les revend à perte, il achète 500 ce qu'il revend 450, afin de faire baisser les cours. Il y a un résultat direct et immédiat de l'opération qui constitue l'agioteur en perte; mais, par la baisse des cours, l'agioteur recherche et obtient un avantage, il y a là pour lui un bénéfice, bénéfice indirect.

Un commerçant fait faillite, puis il reprend les affaires, réalise de gros bénéfices; mais il s'est obligé à payer à ses créanciers des dividendes, dont le service absorbe ces bénéfices. Il y a bénéfice immédiat, direct, mais il n'y a pas bénéfice définitif.

Or c'est ici qu'il faut remarquer que cette distinction entre les bénéfices directs et les bénéfices indirects tient encore uniquement au mode de liquidation que l'on adopte. Le bénéfice direct est celui dont on se rend compte quand on liquide isolément une opération, le bénéfice indirect est celui dont on se rend compte quand on liquide toutes les opérations ensemble.

Envisageons-nous isolée l'opération de l'agioteur? nous trouvons que dans un cas il a perdu, puisqu'il a revendu 450 ce qu'il avait acheté 500;

Envisageons-nous cette opération confondue avec toutes les autres? nous trouvons que le résultat de cette opération a été de faire baisser les fonds, et que le résultat de cette baisse a été peut-être de lui faire gagner 500 ou 1000 fr.;

Envisageons-nous isolée l'opération du commerçant? nous trouvons qu'il a bénéficié puisqu'il a gagné de gros bénéfices? envisageons-nous cette opération confondue avec les autres et d'un point de vue absolu, nous trouvons que ce commerçant n'a rien gagné, puisqu'il a été forcé de verser sous forme de dividende à des créanciers antérieurs ce qu'il avait gagné de bénéfices.

Ces idées expliquées, on se demande si, quand le législateur parle de bénéfices, il faut entendre bénéfices directs ou bénéfices indirects, s'il faut calculer isolément les opérations ou les calculer au point de vue de la fortune absolue. On voit par quel lien la question se rattache à celle que nous discutons plus haut, relative aux répartitions de bénéfices entre associés.

La question se pose d'une manière très-pratique à propos de l'art. 1832. Cet article renferme une définition de la société. « Le contrat de société, y est-il dit, est un contrat par lequel deux ou plusieurs personnes conviennent de mettre quelque chose en commun, dans la vue de partager *le bénéfice* qui pourra en résulter. » Faut-il entendre le bénéfice direct, ou le bénéfice indirect ?

PREMIER CAS. — Deux personnes propriétaires le long d'une rivière, ayant à craindre les débordements de cette rivière, s'entendent pour élever une digue : elles font de leur entente un contrat, un contrat de société. Sera-t-il juste de dire que la société formée par ces deux personnes aura pour objet la réalisation d'un bénéfice ? assurément ; l'avantage de l'endiguement de la rivière se traduira pour les deux propriétaires par une plus-value des propriétés, plus-value appréciable en argent.

DEUXIÈME CAS. — Deux autres personnes, propriétaires de fonds contigus à un marais, s'associent pour acheter le marais et le dessécher afin de préserver leurs fonds du voisinage empesté du marais. Sera-t-il juste de dire que la société formée par ces deux personnes aura pour objet la réalisation d'un bénéfice ? Le dessèchement du marais donnera aux propriétés une plus-value appréciable en argent. Il y aura donc bénéfice.

TROISIÈME CAS. — Deux voisins ayant des propriétés contiguës et voulant construire, s'associent afin de faire construire un mur sur lequel ils appuieront des ouvrages de charpente et de maçonnerie : les frais généraux de la construction sont diminués, il y a bénéfice.

Quatrième cas. — Deux personnes s'associent pour acheter en commun un équipage et en jouir chacun à leur tour. L'agrément, l'utilité d'une voiture dans une grande ville est un avantage réel et appréciable en argent. La société a donc pour objet un bénéfice.

Il semble que ces quatre hypothèses aient entre elles les plus grandes analogies, et que la décision doive être la même pour les quatre. Tout au plus, semble-t-il que dans les deux dernières le caractère du bénéfice soit plus incertain par la difficulté de l'apprécier en argent.

Que disent cependant certains jurisconsultes et des plus autorisés? Ils prétendent qu'il y a bénéfice dans les deux derniers cas, mais qu'il n'y a pas bénéfice dans les deux premiers; et pourquoi? Parce que dans les deux premiers cas les propriétaires qui s'associent n'ont en vue que de se préserver d'une perte, de réparer un dommage; or, il n'y a pas bénéfice à éviter une perte : *non lucrum facit, qui damnum vitat;* il y a manque à perdre, il n'y a pas gain.

Cette idée est-elle admissible? C'est ici qu'il importe de faire remarquer que la divergence tient à la différence entre les bénéfices directs et les bénéfices indirects, par conséquent à la manière de calculer.

Les propriétaires qui s'associent pour faire construire une digue ont-ils en vue un bénéfice? La solution dépendra du choix qu'on fera entre les deux modes de liquidation, la liquidation particulière de l'opération, la liquidation générale de toutes les opérations de l'opérant. Elle dépendra du sens que l'on donnera au mot bénéfice dans l'art. 1832; ce mot pouvant signifier le bénéfice direct et le bénéfice indirect. En effet, faut-il envisager l'opération à laquelle se sont livrés les deux propriétaires en elle-même, il est certain qu'on y trouvera le principe d'un bénéfice direct. La construction de la digue produit deux effets : 1° une dépense, un dommage, une perte, à savoir les frais même de la construction; 2° un bénéfice que la plus-value attribue aux propriétés mises à l'abri des débordements futurs. Quand les deux propriétaires s'associent pour faire élever la digue, ils ont en vue ce bénéfice, qui, dépenses de construction déduites, devra résulter du travail fait en commun. Si l'on adopte cette manière de liquider l'opération, il est donc certain qu'une telle société a pour objet un bénéfice.

Mais remarquons bien que dans cette manière de liquider nous ne portons à la charge des bénéfices de l'opération que les dépenses résultant de l'opération elle-même : nous ne liquidons pas la fortune des associés, nous ne liquidons que l'opération faite en commun ; nous ne prenons pour atténuer les bénéfices que la somme des frais, dommages, pertes, causés par l'acquisition de ces bénéfices mêmes.

Ce n'est pas ainsi qu'il faut calculer, disent certains auteurs, il ne faut pas envisager l'opération isolée, il faut la faire entrer comme un des éléments dans une liquidation générale de la fortune des associés. Le bénéfice dont parle l'art. 1832, ce n'est pas le bénéfice d'une opération, c'est « *l'émolument* appréciable en argent qui s'ajoute à la masse des biens du père de famille après que toutes les dettes ont été payées : c'est ce qui le fait plus riche et accroît son bien-être matériel. » « En matière de société, dit M. Bravard, on entend par bénéfices une augmentation d'actif, un accroissement de fortune. »

La menace des débordements était pour les propriétés un préjudice, un dommage. Ce dommage se trouve compensé dans la fortune des associés par le bénéfice de la construction de la digue. Est-ce là un accroissement de bien-être matériel? est-ce un bénéfice? Non, il est certain qu'on ne doit donner le nom de bénéfice qu'aux bénéfices nets ; or, si du bénéfice que procure la construction de la digue, on déduit non-seulement les dommages spéciaux qu'a entraînés cette construction, mais tous les dommages qui, avant la construction de la digue, affectaient virtuellement la fortune de l'associé; on trouve parmi ces dommages le danger des débordements, ce dommage compense le bénéfice de la digue, et empêche qu'il y ait bénéfice indirect.

Le même raisonnement s'applique aux Sociétés d'assurances. Sans doute c'est un bénéfice d'être assuré, et ce béné-

fice excède le dommage, la dépense qui résulte de la contribution aux sinistres ; mais, s'il en est ainsi, à un point de vue particulier, et en ne considérant que l'opération de l'assurance, il n'en est plus de même si l'on se place à un point de vue plus général, au point de vue de la fortune entière de l'associé-assureur-assuré : il est certain que dans cette fortune, il n'entre rien par l'effet de l'assurance. Le bénéfice qu'il y avait à être assuré est compensé par le danger qu'il y avait à subir un sinistre : il n'y a donc pas bénéfice final et définitif, bénéfice net. « Toute l'efficacité des assurances mutuelles se concen-
« trant dans la réparation d'un dommage, elles ne peuvent
« produire de bénéfice, dit M. Troplong (p. 21, t. Ier). » L'avantage qu'il y a à être assuré « consiste dans l'immunité d'une perte, non dans un accroissement d'actif, une augmentation de capital ; c'est pourquoi les assurances mutuelles ne sont pas des sociétés... autre chose est éviter une perte, autre chose est bénéficier, dit M. Bravard (*des Sociétés*, p. 15). »

Voilà comment, se plaçant à des points de vue différents, on peut dire que la Société, formée pour prévenir un danger, réparer un dommage, atténuer une perte, a et n'a pas pour objet un bénéfice. Du point de vue de l'opération particulière, il y a bénéfice ; du point de vue de la fortune entière, il n'y a pas bénéfice.

Maintenant, de ces deux points de vue, quel est celui d'où s'est placé le législateur ? Pour qu'il y ait société, le législateur exige-t-il qu'il y ait tout à la fois bénéfice direct et indirect ? Alors les sociétés qui auront en vue de prévenir certains dommages, de conjurer certaines pertes, les sociétés d'assurances en particulier ne seront pas, à proprement parler, des sociétés.

Le législateur exige-t-il seulement qu'il y ait un intérêt direct ou indirect, la vue d'un bénéfice quelconque ? alors les mêmes sociétés seront à proprement parler des sociétés.

Le choix entre ces deux solutions n'est pas difficile.

Le législateur, par l'art. 1832, exige qu'il y ait un bénéfice direct ou indirect, sans s'inquiéter qu'il y ait ou qu'il n'y ait pas à la fois un bénéfice direct et un bénéfice indirect. Les termes de l'art. 1832 sont précis : la société est un contrat, par lequel deux ou plusieurs personnes conviennent de mettre quelque chose en commun, dans la vue de partager le bénéfice qui pourra en résulter. Il demande que la société soit formée pour mettre quelque chose en commun, *dans la vue de partager le bénéfice qui pourra en résulter*. Ce sont les termes de l'art. 1832. Le législateur ne regarde pas si le bénéfice doit être dans un dommage à réparer, ou dans une valeur obtenue, dans un danger prévenu, ou dans une richesse conquise : il veut que l'opération ait en vue un intérêt, que les associés ne soient pas seulement réunis par le dessein de se faire, soit isolément, soit réciproquement une libéralité ; mais tout ce qu'il demande, c'est qu'un bénéfice puisse résulter de la mise en commun des choses sociales. — Quel sera le bénéfice, peu importe, qu'il y en ait un en vue, cela suffit.

D'après nous, il y aurait société aussi bien si le bénéfice direct manquait et qu'il n'y eût qu'un bénéfice indirect, qu'au cas où le bénéfice direct existerait sans bénéfice indirect. Ce que le législateur a voulu, c'est qu'il y eût au contrat un intérêt d'argent, que la société ne fût pas un contrat de bienfaisance. Il a voulu cela et il n'a voulu que cela.

Si des termes de la loi nous passons à son esprit, ne serait-il pas singulier d'établir une distinction entre l'intérêt direct et l'intérêt indirect? N'est-il pas étrange de déclarer par exemple que les Sociétés d'assurances mutuelles ne sont pas des sociétés?

N'est-il pas tout à fait singulier de décider que dans la première hypothèse indiquée plus haut les deux propriétaires associés pour élever une digue ne sont pas associés en vue d'un bénéfice, et que, dans la troisième hypothèse, les deux propriétaires associés pour élever un mur sont associés en vue d'un bénéfice?

Un résultat si bizarre ne peut pas être dans la pensée du législateur ; que des personnes qui s'associent pour faire de bonnes œuvres ne soient pas aux yeux de la loi associés, soit! Mais, s'il s'agit de personnes qui s'associent pour se préserver mutuellement de certains dangers (les Compagnies d'Assurances par exemple,) et qui ont en vue un bénéfice : bénéfice éventuel, la réparation du sinistre, bénéfice certain la sécurité qui résulte de l'assurance : comment ces personnes ne seraient-elles associées ? Elles ne sont pas associées, répondent les jurisconsultes, parce que ces sociétés n'ont en vue que de réparer certains dommages, que de garantir de certains dangers, de telle sorte que la Société d'Assurances mutuelles ne serait pas plus une société que la Société de Saint-Vincent-de-Paul. Pour démontrer l'erreur du raisonnement que nous combattons, il suffira de faire voir que les auteurs que nous combattons imaginent une manière d'entendre le mot bénéfice toute spéciale au contrat de société.

S'agit-il en effet de connaître quel est le bénéfice qu'une personne a retiré d'une convention, d'un contrat quelconque, d'une vente, par exemple, il ne vient à personne l'idée de déduire des bénéfices bruts qu'elle a retirés autre chose que les pertes et les dépenses dont ce contrat même a été l'occasion.

Pierre vend sa maison à Paul; il a acheté précédemment cette maison 100,000 francs, il la revend 150,000. Le bénéfice serait de 50,000 s'il n'avait fait aucune dépense; mais cette maison a été frappée du feu du ciel dans une partie, et pendant qu'il en était propriétaire, Pierre a dû dépenser 50,000 francs dans la maison. Le bénéfice sera-t-il de 50,000 francs. Non, il sera nul; pourquoi, parce qu'il faut déduire des 150,000 francs provenant de l'achat et de la revente de la maison, les 50,000 fr. dont Pierre n'a supporté la perte que parce qu'il avait acheté la maison.

Autre exemple. Ce n'est pas sur la maison A achetée et revendue à Paul que le feu du ciel est tombé, c'est sur la maison B appartenant également à Pierre. Dira-t-on que Pierre n'a pas eu de bénéfice dans la convention faite avec Paul! Non, parce qu'il n'y a aucune relation entre l'achat que Pierre a fait de la maison A qu'il a revendue à Pierre et l'accident qui est arrivé à la maison B.

Au lieu du contrat de vente, étudions le contrat de Société.

Pierre et Paul font entre eux une société pour se préserver d'une inondation en élevant une digue. La construction de la digue donne à la société un véritable bénéfice, qui se traduit, pour l'appréciation en une somme d'argent, par la plus-value des deux propriétés. Si pendant le cours des travaux un accident survient qui trouble ces travaux, à défaut d'accident spécial, les dépenses mêmes de la construction doivent être déduites de la plus value pour évaluer le bénéfice ; rien de plus certain, mais s'ensuit-il que l'objet de la société ne soit pas un bénéfice? rien de plus difficile à admettre. C'est cependant ce qu'enseignent certains auteurs.

Pourquoi? parce qu'ils considèrent non pas le contrat lui-même, l'opération spéciale, mais la fortune entière du contractant. Or, liquidant la fortune entière, ils trouvent qu'il n'y a pas bénéfice, puisque le contractant n'est pas plus riche, puisqu'il n'y a pas accroissement de valeur. Ils ne remarquent pas, et c'est là même leur erreur, qu'il n'y a aucune corrélation possible entre la société qui donne les bénéfices et les accidents dont la construction de la digue a pour objet de préserver les deux propriétés. Ce n'est pas parce que les deux propriétaires riverains se sont entendus pour élever une digue que leur propriété s'est trouvée menacée des débordements. La menace de ce danger n'a nullement son principe dans le fait qui crée des bénéfices.

Il importe de faire voir comment l'erreur est née.

Elle ne vient pas du droit romain; celui-ci n'avait imaginé rien de semblable.

Elle vient d'une définition mal faite de l'idée de bénéfice et d'une application maladroite d'un axiome.

Le bénéfice direct a *ordinairement* pour conséquence un bénéfice indirect.

L'acquisition d'un bénéfice, d'un avantage appréciable en argent a ordinairement une conséquence : « c'est de faire plus « riche celui auquel le bénéfice profite, d'accroître son bien-« être matériel » c'est l'expression même de M. Troplong. De deux personnes placées dans la même situation, l'une fait un bénéfice que l'autre ne fait pas. Le bénéfice que fait la première a manifestement l'effet de la rendre, après le bénéfice réalisé, plus riche qu'elle ne l'était auparavant ; d'accroître le bien-être qu'elle aurait eu si le bénéfice n'avait pas été réalisé : de là, par une pente naturelle, on a été conduit à confondre, non pas, ce qui eût été après tout sans inconvénient, mais ce qui est un vice de raisonnement, l'effet contingent, accidentel, fortuit avec la cause. De ce que, *ordinairement*, la réalisation d'un bénéfice ajoute une valeur dans l'actif d'une personne, on en a conclu que, quand il n'y avait rien d'ajouté à l'actif, au bien-être d'une personne, il n'y avait pas de bénéfice. Le raisonnement est celui-ci : tout bénéfice suppose un enrichissement. Or l'assurance ne peut être une cause d'enrichissement ; c'est un de ses caractères essentiels ; la personne qui s'assure n'a donc pas en vue un bénéfice, et une société d'assurance mutuelle n'est pas à proprement parler une société. L'erreur du raisonnement tient à cette prémisse « tout bénéfice suppose un enrichissement. »

La seconde cause de l'erreur que nous combattons est, avons-nous dit, une citation maladroite.

Les auteurs citent le principe *non lucrum intelligitur nisi omni damno deducto* et ils ont raison : c'est en vertu de ce principe que l'on déduit du bénéfice de la plus-value donnée aux immeubles par la construction de la digue les dépenses de cette construction ; l'application du principe faite dans ces termes est excellente, mais ce n'est pas ainsi qu'ils l'entendent : de ce qu'il n'y a pas de bénéfice dans une opération sans déduction des dépenses, ils concluent très-mal à propos qu'une opération qui a pour objet de prévenir un dommage, une dépense, ne peut pas produire de bénéfice.

Il est manifeste que dans la pensée du jurisconsulte le *damnum*, dont la déduction doit être faite de *lucrum*, c'est le *damnum* correspondant, corrélatif, entendu *secundum subjectam materiam*, et non un *damnum* quelconque.

On a pu trouver longues les explications que nous venons de donner du mot bénéfice ; elles étaient nécessaires pour déterminer le sens que nous attachons à ce mot dans la matière des actes de commerce : on n'a pas d'actes de commerce sans spéculation, ni de spéculation sans une recherche de bénéfice.

Après ce qui vient d'être dit, on n'aura plus de peine à résoudre cette question délicate : le bénéfice de la spéculation commerciale doit-il être le bénéfice direct de l'opération ou le bénéfice indirect? Il arrive quelquefois que deux personnes étant en concurrence, l'une consent à faire des opérations à perte afin de forcer l'autre à cesser la concurrence. Dans ces conflits, assez fréquents dans le monde des affaires, le caractère ordinaire des opérations se trouve momentanément altéré. Le spéculateur cesse de chercher dans l'opération à laquelle il se livre un profit direct, un bénéfice. Son profit, ce sera la ruine du concurrent ; son bénéfice, ce sera, s'il triomphe, de rester seul et de pouvoir commander le marché, faire la loi aux acheteurs, et élever à son gré ses prix.

Ces opérations ne sont « à perte » qu'en apparence. Le *consilium quæstus* est ici incontestable. Il n'est pas douteux, selon nous, qu'il ne soit conforme à l'esprit de la loi de voir, dans ces opérations, l'intention de spéculation qui leur donne la couleur commerciale. La raison d'être de l'opération n'est assurément pas l'amour désintéressé du prochain.

Un auteur a paru croire qu'il était essentiel que le bénéfice, dont l'espoir doit être la raison de l'acte de commerce, fût incertain. Les débitants de tabac achètent à la régie des quantités qu'ils peuvent revendre plus cher qu'ils les ont achetées, mais le prix de revente est fixé et ils ne peuvent vendre au delà des prévisions du tarif. « S'il est vrai qu'ils « achètent le tabac moyennant un prix, et qu'ils le vendent « un peu plus cher, cet excédant du prix d'achat sur le prix « de revente est réglé ; ils ne sont pas libres de le dépasser. « C'est moins un bénéfice qu'une remise. » (Pardessus, tome I, p. 15, n° 16.)

Cette idée ne nous paraît pas juste. Le bénéfice que l'entremise a pour objet de réaliser ne se compose pas d'un seul élément, la supériorité du prix de revente sur le prix d'achat :

il y entre un autre élément : l'importance plus ou moins grande des frais d'entremise. Un débitant achète 1000 kilogr. de tabac et il les vend moyennant une certaine somme ; son bénéfice sera-t-il de toute la différence entre le prix qu'il a payé et le prix qu'il a revendu? non certes : il faudra déduire du prix de revente, ou ajouter au prix d'achat la quote-part des frais généraux, location de boutique, frais d'employés. Plus cette quote-part s'élève, plus le bénéfice diminue. Il faut donc reconnaître que si « l'excédant du prix « de revente sur celui d'achat est réglé » il ne s'ensuit pas que le bénéfice le soit. — Le serait-il, on ne voit pas pourquoi l'aléa du bénéfice serait une condition de la commercialité de l'opération.

CHAPITRE III

De la Relation entre l'Entremise et la Spéculation.

Il est nécessaire, avons-nous dit, pour qu'il y ait acte de commerce, qu'il y ait entremise et spéculation ; ce n'est pas tout, il faut que la spéculation ait sa raison d'être dans l'entremise, et que l'entremise ait pour objet la spéculation. Il faut que le fait d'où l'on prétend bénéficier, soit précisément le fait de l'entremise.

Pierre est vigneron ; il vend son vin ; mais pour l'enfûter, il a besoin de tonneaux, il en achète n'en ayant pas et ne pouvant pas les fabriquer lui-même. Quel est le mobile de cet achat? On sent de suite qu'il est double. Le vigneron achète les tonneaux pour enfûter son vin : voilà le premier dessein qu'il a en les achetant, c'est là le dessein immédiat, direct, naturel ; mais en outre il y a un second dessein : le vigneron, en achetant les tonneaux, compte bien les revendre avec son vin. Les revendre, c'est le second mobile, le dessein indirect, éloigné, médiat.

Ce qui est vrai du vigneron et saisissant dans cet exemple,

n'est pas moins juste si l'on considère le peintre, le sculpteur, l'homme de lettres. Le peintre achète des couleurs et une toile pour ses tableaux, le sculpteur du marbre pour ses statues, l'écrivain du papier pour écrire sa pensée.

Dira-t-on qu'il y a achat et vente, qu'il y a spéculation, et que par conséquent il y a acte de commerce ?

Il y a achat et vente, et par conséquent entremise, ce point n'est pas douteux. Le vigneron achète les tonneaux et les revend, et en les achetant il a l'intention de les revendre. Le sculpteur achète le bloc, et en l'achetant il a le dessein, après l'avoir mis en œuvre, de le revendre. L'écrivain achète son papier, et compte bien le livrer avec son livre, l'un inséparable de l'autre, et revendre le papier en vendant le livre.

Quoiqu'il y ait achat et revente, on sent tout de suite que le peintre qui vend son tableau, le sculpteur qui vend sa statue et l'écrivain qui vend son livre, ne font pas acte de commerce, quoiqu'ils revendent l'un des toiles et des couleurs, l'autre du marbre, et le troisième quelques rames de papier.

Pourquoi ?

C'est que ni le vigneron, ni le peintre, ni l'écrivain, ni le sculpteur n'entendent bénéficier sur l'entremise qu'ils accomplissent accessoirement.

Le vigneron qui vend son vin ne fait pas acte de commerce, parce que, vendant un vin qu'il n'a pas acheté, il ne fait pas acte d'entremise, et le vigneron qui vend avec le vin le tonneau qu'il a acheté, ne fait pas acte de commerce, quoiqu'il fasse acte d'entremise, parce qu'il ne prétend pas bénéficier par le fait de cette entremise. A l'égard du vin, ce n'est pas la spéculation qui manque, c'est l'entremise ; à l'égard des tonneaux, ce n'est pas l'entremise qui manque, c'est la spéculation.

Le sculpteur, en vendant sa statue, ne fait pas acte de commerce, parce que, si l'on considère la statue, il ne l'a pas achetée, il l'a créée, il n'y a pas fait d'entremise ; et parce que, si l'on considère le bloc, ce n'est pas le bloc sur la revente duquel le sculpteur prétend gagner, il n'y a pas fait de spéculation.

L'entremise se fait, pour le vigneron, sur les tonneaux, et la spéculation sur les vins. — Pour le peintre, l'entremise se fait sur la toile, les couleurs, et la spéculation se fait sur l'œuvre d'art. — Pour le sculpteur, l'entremise se fait sur le bloc, et la spéculation se fait sur la statue.

Telle est la raison pour laquelle il n'y a pas, dans ces circonstances, actes de commerce, et c'est en même temps ce qui justifie le principe établi plus haut, à savoir que l'entremise et la spéculation doivent reposer sur le même fait.

Ces explications données, nous arrivons à une question d'un grand intérêt, et dont la solution sera facile en se plaçant sous l'empire de cette idée : « que la spéculation et l'entremise doivent reposer sur le même fait. »

La vente par le propriétaire des produits de sa propriété est-elle un acte de commerce?

Il faut nous placer dans diverses hypothèses :

1er Cas. Le propriétaire vend des produits qu'il a récoltés lui-même.

Cultivateur, il a lui-même labouré son champ, semé ses grains, moissonné sa récolte, engerbé et transporté au marché; vigneron, il a lui-même taillé sa vigne, fait ses vendanges, pressé ses raisins et enfûté son vin, distillé ses eaux-de-vie. Propriétaire d'une ardoisière, il a lui-même taillé les ardoises, et les a mises à jour ; propriétaire d'étangs, il a lui-même péché son poisson, ou bien il a semé des betteraves, et il a fabriqué du sucre avec le produit de ses récoltes.

Pas de difficulté.

Il n'y a pas ici fait d'entremise; le propriétaire vend ce qu'il a créé, ce qu'il a produit, ce qu'il a récolté lui-même; il vend les poissons péchés dans ses étangs, il vend du blé sorti de son champ, il vend les ardoises tirées de sa carrière, fruit de son travail; il n'y a pas pour lui plus d'entremise que pour le peintre qui vend son tableau, et il faut remarquer que la décision doit être la même quelle que soit la nature du produit vendu. S'agit-il des poissons de l'étang? Le propriétaire les revend sans s'être donné d'autre peine que celle de les pêcher. S'agit-il des ardoises? Le propriétaire a dû les extraire, les tailler. S'agit-il des eaux-de-vie? Le propriétaire a dû les distiller : mais la circonstance du travail plus ou moins grand dépensé autour des produits est indifférente.

La Cour de Metz, dans un arrêt du 24 novembre 1840, déclarait, à propos d'un ardoisier : « que la préparation que reçoivent les ardoises avant d'être vendues ne change pas la nature de l'acte que fait le propriétaire qui les extrait de son sol, pas plus que la transformation du raisin en vin par le vigneron ne rend celui-ci justiciable des tribunaux de commerce (D. P. 1851, V, 8). »

La Cour de Douai, par arrêt du 22 juillet 1830, a jugé que celui qui fabrique du sucre de betteraves pour tirer meilleur parti de ses terres, ne fait pas acte de commerce (D. P. 1831, II, 60).

Deuxième cas. — Le propriétaire, père de famille, cultive, exploite avec le travail de ses enfants.

Il n'y a pas d'entremise. Le père de famille ne paye pas de salaires à ses enfants; il ne se procure pas leur travail : cette circonstance était relevée dans un arrêt de Metz du 24 novembre 1840 : « Attendu en fait qu'il n'est pas douteux que Dangelle ne vende d'ardoises que celles qu'il tire du terrain dont il est propriétaire, et qu'il façonne lui-même *avec l'aide de ses enfants.* » L'arrêt décidait, en se fondant sur ces circonstances de fait, qu'il n'y avait pas acte de commerce (D. P. 1851, V, 8).

Troisième cas. — Le propriétaire exploite avec le concours d'ouvriers salariés.

Ici on voit la raison de douter; le propriétaire dans ce cas se procure le travail des ouvriers, il l'achète, il le loue, et d'une autre part, quand il revendra son blé, il est certain que les dépenses qu'il aura faites à raison de l'emploi des ouvriers devront être décomptées des bénéfices bruts de la revente pour connaître le bénéfice net : il y a donc en réalité achat et revente, par conséquent entremise et par conséquent acte de commerce.

On explique souvent qu'il n'y ait pas commerce dans ce cas, en disant que le fait du propriétaire qui emploie des ouvriers est un fait accessoire, contingent, qui pourrait ne pas se produire, et que le fait principal, civil de sa nature, doit non-seulement demeurer civil malgré la connexité d'un accessoire commercial, mais de plus que le fait civil doit étendre son caractère au fait commercial et le rendre civil.

Il y a dans cette idée un point exact ; il est certain, en effet, que l'on peut parfaitement concevoir le propriétaire faisant lui-même ses labours, ses semailles et ses moissons, que le recours aux ouvriers est un fait accidentel et accessoire ; mais ce qui n'est pas aussi exact, c'est de dire que l'accessoire doit se confondre avec le principal et perdre son caractère. C'est là une idée qui n'a pas de fondement ailleurs que dans l'esprit des commentateurs, ainsi du reste que nous le démontrerons plus loin.

Il faut expliquer par une raison différente le caractère civil de l'opération que nous examinons, mais cette raison n'est pas difficile à pénétrer quand on analyse l'opération elle-même.

Pour qu'il y ait acte de commerce, on sait qu'il faut deux conditions : 1° fait d'entremise ; 2° fait de spéculation. Mais on sait aussi que ces deux conditions doivent être remplies par le même fait. C'est sur l'entremise que la spéculation doit porter, et l'objet de l'entremise doit être le bénéfice de la spéculation.

Ces conditions se trouvent-elles remplies ? il y a acte de commerce. Manquent-elles ? l'acte de commerce fait défaut.

PREMIER CAS. — Le cultivateur propriétaire qui exploite avec des ouvriers, vend son blé ; il spécule sur le prix de revente du blé. Ce prix sera modifié d'après la quantité plus ou moins grande de blé produit. Si la récolte est bonne, le blé sera moins cher. Les circonstances climatériques auront leur importance. La législation économique pourra aussi avoir son influence. On sait les conséquences que le jeu de l'échelle mobile avait sur le prix des céréales. A ces éléments qui font varier les cours, faut-il ajouter le haut ou le bas prix de la main-d'œuvre? Il est certain que c'est là une circonstance à peu près indifférente; il s'ensuit que le propriétaire, dans le cas qui nous occupe, ne spécule pas sur les frais de main-d'œuvre; c'est par ailleurs qu'il gagnera, s'il doit gagner, qu'il perdra s'il doit perdre; mais ce n'est pas l'objet direct, précis, essentiel de son opération. Là n'est pas la spéculation; l'entremise seule peut s'y trouver.

L'entremise étant d'un côté, la spéculation de l'autre, il n'y a pas acte de commerce.

Deuxième cas. — Un propriétaire faisant ramasser des cailloux dans son champ les vendra pour l'entretien d'une route; fera-t-il acte de commerce?

Au premier abord, il semble qu'il y ait extrême analogie, presque identité entre les deux situations; le propriétaire qui vend les cailloux et le propriétaire qui vend le blé semblent, à première vue, devoir être assimilés en ce qui concerne le caractère civil ou commercial de leurs agissements.

Un arrêt du 28 février 1861, rendu par la Cour de Rouen, a décidé cependant qu'il y avait fait de commerce dans l'agissement d'un propriétaire qui vendait les cailloux recueillis dans son champ (D. P. 1861, II, 166).

Rien ne nous paraît plus fondé que cette décision : quand il s'agit de cailloux, la matière première n'a pas de valeur, ce n'est pas sur elle que la spéculation peut porter; les cailloux d'un champ sont sans valeur ; ce qui leur donne de la valeur, c'est le travail des ouvriers, c'est sur ce travail, sur le prix qu'il lui coûte et sur le prix pour lequel les cailloux seront vendus que spécule le propriétaire. L'entremise et la spéculation portent donc sur le même point, se rencontrent donc dans le même acte.

La première chose à rechercher, c'est donc celle-ci, y a-t-il entremise? la seconde celle-ci, y a-t-il spéculation? et la troisième, la plus délicate, celle-ci, la spéculation porte-t-elle sur l'entremise?

Y aura-t-il en outre à rechercher si l'exploitation modifie plus ou moins la matière première? Cette circonstance pourra être relevée pour l'établissement des trois conditions; mais elle n'est pas elle-même une de ces circonstances essentielles, hors desquelles la commercialité n'existe pas.

On vient d'établir que la spéculation devait se faire par l'entremise, et que l'entremise devait avoir pour objet la spéculation. Ce point est d'une grande importance.

L'explication que nous venons d'en donner servira elle-même à expliquer une erreur assez fréquente dans les auteurs et dans les arrêts.

On rencontre très-souvent cette idée que l'acte de commerce est constitué par la spéculation; c'est l'opinion que nous avons présentée plus haut. Les auteurs qui indiquent ainsi la spéculation comme élément de la commercialité négligent l'idée d'entremise : c'est le reproche que nous faisons à leur théorie.

Ce reproche est-il justifié? Il semble d'abord, d'après les idées mêmes que nous venons d'exposer, ne l'être pas. L'entremise sans la spéculation, avons-nous dit, n'est pas constitutive de l'acte de commerce. Il paraît s'ensuivre que la spéculation est le caractère par excellence, nécessaire, essentiel de l'acte de commerce. On en conclut que c'est le caractère, dans la plus forte acception du mot, le caractère qui, à lui seul, fait l'acte de commerce. Mais c'est précisément là que commence l'erreur.

Ce n'est pas la spéculation qui est le caractère de l'acte de commerce ; ce n'est pas davantage l'entremise; c'est la réunion de l'entremise et de la spéculation. Il est erroné de dire que tout fait de spéculation est un acte de commerce, également erroné de dire que tout fait d'entremise est un acte de commerce. Il n'y a d'acte de commerce que dans les faits d'entremise qui sont en même temps des faits de spéculation.

Tout fait d'entremise n'est pas nécessairement un fait de spéculation; Pierre, pour un placement, achète une valeur de Bourse; il la revend au bout d'un mois. Il y a là entremise ; il n'y a pas spéculation. La charité peut s'exercer par l'entremise et dans ce cas, il n'y a pas de spéculation dans les agissements de l'intermédiaire. On a montré plus haut différents exemples d'entremise désintéressée.

Il faut donner des exemples de spéculation qui ne renferme pas d'entremise.

La succession de X est en réalité très-opulente; elle paraît onérée, le passif est considérable.

Pierre va trouver les créanciers de la succession, et achète à bas prix les créances, puis il recherche les héritiers et obtient d'eux, en leur parlant de l'importance des créances, et en cachant qu'il les a rachetées, qu'on lui vende la succession à vil prix.

C'est assurément là une spéculation.

A a un petit terrain enclavé dans la propriété de B. B voudrait à tout prix ce terrain. A *spécule* sur le désir ardent de B, et lui vend ce terrain 7 ou 8 fois la valeur.

Là encore il y a spéculation, on ne saurait cependant trouver d'entremise ni dans l'un, ni dans l'autre de ces exemples.

De cela il résulte : 1° que pour caractériser l'acte de commerce, il est nécessaire d'y chercher deux éléments, l'entremise d'une part, et la spéculation de l'autre; 2° que les auteurs ont été naturellement conduits à penser que l'un de ces éléments supposait l'autre, et que, par conséquent, il suffisait de reconnaître l'un pour affirmer l'autre; mais que cette supposition n'est pas toujours possible, et qu'il peut y avoir des faits d'entremise et des faits de spéculation, dont le caractère soit civil. Avant de terminer, il faut faire ici une remarque. Les caractères de l'acte de commerce tiennent si bien à la nature des choses, qu'il ne dépend pas des volontés privées de changer en acte de commerce un acte qui, de sa nature, est civil, ni en acte civil, un acte qui, de sa nature, serait acte de commerce.

Examinons cette double idée : et d'abord, deux parties faisant un acte, peuvent-elles convenir que, bien que cet acte soit civil, il sera à leur égard commercial, qu'il aura en conséquence les effets d'un acte de commerce?

Il est certain qu'elles ne le peuvent pas.

C'est l'idée que soutenaient dans la discussion du code de commerce, ceux qui ne voulaient pas que la signature d'un billet à ordre, fût par elle-même un acte de commerce.

On couvrait cette idée du prétexte de la liberté, l'effet de la qualification commerciale étant la contrainte par corps. On établissait que la liberté des citoyens n'est pas pour eux aliénable. On s'efforçait de justifier cette idée, en disant que, « tout pacte qui porte atteinte à la liberté, est contraire à la loi naturelle et à l'ordre public, » que « la liberté n'est pas dans le commerce ; qu'il n'appartient pas à l'homme d'en faire le sacrifice ; qu'elle est inaliénable. » Ces idées, qui furent consacrées dans l'ancien droit par l'ordonnance de 1667, titre 34, art. 6, dans le droit intermédiaire, par la loi du 15 germinal an VI, titre 1, dans le Code Napoléon, par l'art. 2065 du Code, étant invoquées, on en tirait cet argument favorable à la non commercialité des billets à ordre. Si, en effet, il est permis à une partie, par l'adoption d'un mode spécial de preuve de leurs transactions, par la préférence donnée à la forme du billet à ordre, de donner à ces transactions le caractère d'un fait de commerce, la loi attachant la contrainte par corps aux transactions, ayant ce caractère, il sera facile de tourner les principes, et de donner effet à une convention contraire à leurs dispositions. Tel était le motif que l'on donnait, mais au fond du débat, régnait cette idée que l'on ne peut pas changer la nature d'un acte.

Réciproquement, deux parties faisant un acte de commerce, ne peuvent pas stipuler que cet acte sera civil. Elles peuvent par leur convention lui enlever quelques effets de la commercialité, la contrainte par corps, par exemple. Mais une personne qui, faisant le commerce, déclarerait ne pas vouloir le faire, ne pas vouloir être traitée comme commerçante, ne serait pas reçue à se prévaloir de sa déclaration. Le fait l'emporte sur les paroles.

La jurisprudence a souvent décidé ce dernier point à l'égard de notaires qui, faisant des opérations commerciales, contrairement à leur discipline, ne voulaient pas être mis en faillite, lorsqu'ils ne pouvaient pas faire honneur à leurs engagements. La jurisprudence a mainte fois décidé à leur égard, qu'ils faisaient acte de commerce, et on a généralement conclu qu'ils étaient négociants, ce qui n'est pas selon nous également juste.

DEUXIÈME PARTIE

DES DISPOSITIONS DU CODE DE COMMERCE

RELATIVES

A LA DÉTERMINATION DES ACTES DE COMMERCE

CHAPITRE PREMIER

Du Caractère général des articles 632 et 633 du Code de Commerce.

On vient d'établir dans la première partie de ce travail le principe de la distinction entre les actes de commerce et les actes ordinaires. Mais les idées, sur lesquelles repose l'établissement de ce principe, sont-elles conformes aux idées sous l'empire desquelles a été rédigé le Code de commerce ?

On sait que nos lois ont en général le caractère d'être très-analytiques; elles ne formulent que fort rarement les principes sur lesquels elles reposent ; elles ont peu de dispositions abstraites, elles ne renferment que fort peu de définitions ; leur caractère n'a rien de métaphysique, rien de philosophique. Ce sont des dispositions pratiques, d'application facile, très-concrètes, très-particulières. C'est leur défaut, et c'est leur mérite ; c'est en tous cas leur caractère bien particulier.

Rédigées au commencement de ce siècle par des hommes qui avaient assisté aux événements intellectuels de la fin du siècle précédent, nos lois civiles, commerciales, criminelles portent la trace d'un profond mépris pour l'abstraction. On était tout à fait revenu en 1807 des déclarations de droit, des exposés de principes, des abstractions et des généralités de l'époque révolutionnaire. La peur des systèmes et des for-

mules allait jusqu'à inspirer aux esprits le dégoût des théories et des principes généraux. Les rédacteurs de nos lois semblaient toujours dominés par ce conseil de Montesquieu, dont ils exagéraient la portée, mais dont ils réclamaient l'autorité :
« Les lois ne doivent pas être subtiles ; elles sont faites pour
« des gens de médiocre entendement, elles ne sont point un
« art de logique, mais la raison simple d'un père de famille. »
(Analyse raisonnée des observations des tribunaux sur le projet de code de commerce (Paris, an XI, p. 8).

La fatigue des abstractions n'était pas la seule cause qui écartait les esprits des idées générales. La science du droit, quelque ancienne que soit l'étude sur laquelle elle repose, n'est pas encore arrivée à la possession claire de son objet, elle n'en est encore qu'aux recherches, au tâtonnements, aux découvertes.

Ces observations qui s'appliquent à l'ensemble de notre législation sont particulièrement justes, en ce qui concerne le droit commercial.

Les vieux préjugés sur lesquels s'était fondé la distinction entre le droit et l'équité subsistaient dans bien des esprits au début de ce siècle. — Oserait-on affirmer qu'ils aient tout à fait disparu ? — On tenait pour constante cette maxime tout à fait fausse que dans les matières commerciales le théorie devait céder devant la pratique. Toubeau rapporte comme admirable cette idée que « un marchand dans cette matière comprendra et décidera mieux une affaire que le plus grand jurisconsulte. » (Instituts du droit consulaire, livre II, titre VII, p. 587.)

Une circonstance indique bien l'influence qu'avaient ces idées au commencement du siècle. Lorsque le 13 Germinal an IX, Bonaparte, premier consul, nomma la commission composée de sept membres, qui seraient chargés de concourir à la rédaction d'un projet de Code de commerce, il y fit entrer deux magistrats, un jurisconsulte et quatre négociants. Les membres de la commission étaient les citoyens Gorneau, juge au tribunal d'appel, Vigner, président du tribunal de commerce, Boursier, ancien juge au commerce, Legros, jurisconsulte : Vital Roux, négociant, Coulomb, ancien magistrat, Mourgue, administrateur des hospices. Quand cette commission eut terminé son travail et rédigé son projet, le premier consul, par délibération du 14 février an X, ordonna que ce projet fût adressé aux tribunaux et conseils de commerce; mais il ne demanda ni l'avis des tribunaux ordinaires, ni des facultés de droit, ni de la Cour de cassation (1). La haine que Bonaparte avait contre les idéologues était un sentiment commun à la plupart des meilleurs esprits, parmi ses contemporains; ces idées expliquent comment le Code de commerce ne pose nulle part le principe de la distinction entre l'ordre civil et l'ordre commercial, ne définit nulle part l'acte de commerce.

Ce serait une erreur, de croire que la définition de l'acte de commerce, doive être cherchée dans les articles 632 et 633.

L'objet de ces articles n'est point de définir l'acte de commerce.

Les articles 632 et 633 sont placés sous la rubrique du titre II du livre III de la Compétence des tribunaux de commerce.

Le législateur, ayant décidé qu'il y aurait des tribunaux spéciaux pour le commerce, attribue à ces tribunaux par l'article 631 : « 1° la connaissance des contestations relatives aux engagements et transactions entre négociants, marchands et banquiers; 2° des contestations relatives aux actes de commerce entre toutes personnes. »

Mais qu'est-ce qu'il faut entendre, par acte de commerce?

L'art. 632 ne le dit pas; il indique seulement différents actes qui sont réputés actes de commerce par la loi.

---

(1) On sait comment le premier consul traitait les jurisconsultes. « Ils sont là douze ou quinze métaphysiciens bons à jeter à l'eau, disait le premier consul en parlant du tribunat. C'est une vermine que j'ai sur mes habits. » Ce langage était peu encourageant. (V. le 1er Consul Législateur par Mr Madelin. Nancy, 1865.)

« La loi *répute* acte de commerce : » ce mot *réputé* indique qu'il ne s'agit pour la loi que d'établir une présomption.

Les actes de commerce, sont ceux qui renferment une opération d'entremise et une spéculation. La commercialité résulte de ce double fait ; elle peut se produire sous les formes les plus diverses, et au moyen de presque tous les contrats.

Ce n'est pas un acte d'achat et de vente, qui peut caractériser le commerce. C'est l'intention, c'est l'objet dans lequel il est fait. L'achat et la revente sont une des formes les plus fréquentes, les plus frappantes surtout de l'entremise commerciale ; mais l'achat et la revente ne sont pas l'acte de commerce lui-même, et c'est précisément par cette idée que nous combattions plus haut la définition donnée de l'acte de commerce par M. Massé.

L'article 632 ne fait qu'indiquer les circonstances ordinaires au milieu desquelles se produit l'entremise commerciale, les faits par lesquels l'acte de commerce se produit, s'accomplit, se consomme. Toutes les fois que ces circonstances se présentent, que ces faits se réalisent, y a-t-il acte de commerce ? Non sans doute. On peut acheter et acheter pour revendre sans qu'il y ait nécessairement et forcément pour cela entremise, acte de commerce ; mais, comme presque toujours, l'achat et la revente sont la forme, le vêtement en quelque sorte d'un acte de commerce, le véhicule de l'entremise ; la loi établit une présomption de commercialité.

Cette idée est intéressante : elle se justifie par l'emploi que le législateur a fait du mot *réputé* dans le § 1 des articles 632 et 633 : elle dégage le fond de l'idée de l'entremise commerciale, de la forme qu'elle peut recevoir.

On peut ici et à cette occasion remarquer le rôle de la loi ; et en montrer l'étendue et la limite. En général on peut dire qu'il ne dépend pas de la loi de faire que ce qui est ne soit pas, et que ce qui n'est pas, soit ; elle ne peut créer ni entre les personnes, ni entre les faits aucun rapport : elle ne peut que reconnaître, constater, consacrer, et régler des rapports qui préexistent. Dans le cas actuel, il n'est pas possible au législateur de faire qu'un acte de commerce soit un acte civil, ou qu'un acte civil soit un acte de commerce : il peut soumettre l'acte civil à la juridiction commerciale, l'acte de commerce à la juridiction civile ; il peut établir des prescriptions a l'aide desquelles il indique, il impose au juge l'obligation de régler un acte comme acte de commerce, et un autre acte comme acte civil. C'est donc avec une grande raison, d'une part, que le législateur n'a pas donné une définition absolue de l'acte de commerce ; et 2º qu'il s'est servi dans l'article 632 et 633 du mot « réputé » qui indique bien le caractère présomptif de ses dispositions.

Le tribunal d'appel d'Aix avait en vue cette idée quand il disait : « ce n'est pas un acte d'achat ou de vente qui peut caractériser le commerce : c'est l'intention, c'est l'objet dans lequel il est fait. Cette intention n'étant pas exprimée dans les transactions sociales, *la loi ne peut que les présumer.* »

Ce n'est pas tout :

L'idée que les articles 632 et 633 ne renferment que des présomptions, aide à classer les idées renfermées dans ces articles.

Les faits desquels la loi induit l'existence de l'acte de commerce, peuvent en effet se diviser en plusieurs classes : tantôt la loi prend les éléments de sa présomption dans le caractère des actes, c'est ce qu'elle fait dans les premiers paragraphes de cet article 632 ; tantôt dans le caractère des actes et dans la qualité des personnes qui accomplissent les actes, c'est ce qu'elle fait dans le § 5 ; tantôt dans le mode de preuve adoptée par les parties pour la justification de leurs engagements.

Quand le législateur, voyant une personne acheter avec l'intention de revendre, suppose que cet acte est inspiré par une pensée de spéculation et constitue un fait d'entremise, le législateur ne fonde sa présomption que sur le fait de l'achat, et de l'intention, sous l'empire de laquelle l'achat a été accompli. Il ne tient aucun compte pour établir la présomption de la qualité des personnes : quel que soit le caractère de celui qui achète pour revendre, qu'il soit ou ne soit pas commerçant, peu importe. L'acte est acte de commerce. Il ne tient pas compte davantage de la forme de l'acte qui constate l'opération. L'achat est-il fait par convention verbale, par correspondance, par écrits sous seings-privés, par acte notarié! Peu importe encore. L'acte est acte de commerce quelle que soit la forme dans laquelle il soit accompli.

Mais il n'est pas toujours ainsi : d'autre fois le législateur s'attache, pour établir la présomption, à la qualité des personnes. La souscription d'un billet à ordre par un commerçant au profit d'un commerçant est un acte de commerce ; tandis que la souscription d'un billet à ordre par un non-commerçant au profit d'un commerçant, par un commerçant au profit d'un non-commerçant, ou par un non-commerçant au profit d'un non-commerçant, n'est pas un acte de commerce. Le législateur dans ce cas tient compte de la qualité des personnes.

Enfin d'autres fois encore le législateur, pour fonder sa prescription, ne tient pas compte de l'opération, des actes par lesquels elle s'accomplit ; il ne tient pas compte des qualités des personnes, mais des formes de l'engagement, des instruments à l'aide desquels l'opération s'établit. C'est ce qui a lieu dans le cas des lettres de change. Le fait par une personne quelle qu'elle soit de signer une lettre de change est un acte de commerce, ou, pour parler plus exactement, et d'une manière plus conforme même au Code de commerce, article 632, suppose un acte de commerce.

Les présomptions que la loi a établies pour que l'on distingue les faits de commerce peuvent donc se diviser en trois classes : dans la première classe, se trouvent les présomptions fondées sur l'accomplissement de certains faits ; dans la seconde classe se rangent les présomptions fondées sur la qualité des personnes ; dans la troisième classe se rangent les présomptions fondées sur la nature des instruments, dont les parties se servent pour l'opération qu'elles accomplissent.

On vient de voir que la loi ne fait que créer des présomptions au moyen desquelles elle permet de reconnaître les actes de commerce. Cette idée n'est juste qu'avec une réserve. — L'établissement des présomptions est un des objets du législateur ; mais ce n'est pas le seul objet. Il peut arriver que le législateur veuille appliquer à certains faits des règles sous l'application desquelles ces faits ne rentrent pas par la nature et la force même des choses. Dans ce cas le législateur a recours aux *fictions*.

Il faut expliquer ce mot et bien préciser l'idée qu'il représente.

Les fictions jouaient un grand rôle dans le droit romain. On sait comment les jurisconsultes trouvèrent le moyen de fléchir les principes du vieux droit civil rigoureux et implacable, et de l'accommoder aux nécessités sociales du peuple romain, au moyen de l'habile invention des *fictions*. L'histoire des fictions serait pour ainsi dire l'histoire même du droit prétorien.

Les jurisconsultes du moyen âge, habitués au droit romain, et les canonistes qui avaient formé le droit canon des débris du droit de Justinien, eurent fréquemment recours à l'expression de *fiction* pour indiquer des idées plus ou moins analogues à l'idée que ce mot représentait en droit romain, le mot survivant à la chose par un abus très-fréquent.

Il ne peut être question dans notre droit de ces fictions ; elles ne sauraient avoir leur raison d'être, il n'y a pas dans notre pays un droit civil et un droit prétorien.

Il y a cependant encore des fictions dans notre droit. — L'article 739 du Code Napoléon ne permet pas d'en douter. — Que faut-il donc entendre en droit français par une *fiction de la loi ?* Le voici :

Les lois renferment des prescriptions par lesquelles sont réglées certaines situations : ainsi les lois sur les personnes règlent la manière différente dont doivent se comporter, au point de vue juridique, les mineurs, les majeurs : elle établit que si, d'une part, les majeurs peuvent faire seuls et avec pleine capacité tous les actes de la vie civile, les mineurs ont, au contraire, pour accomplir ces actes, besoin du concours de certaines personnes — père — mère — tuteurs — conseil de famille — curateurs.

Cela étant, et la limite d'âge qui sépare l'état de minorité de l'état de majorité étant fixée par la loi, le législateur, à raison de certaines circonstances spéciales, veut-il appliquer, par exception, à une personne mineure par l'âge, les règles qui sont faites pour les majeurs ? veut-il par exemple que le mineur puisse faire seul le commerce ? il y a deux moyens d'indiquer cette dérogation :

L'un, le plus long, le plus explicite, consisterait soit à énumérer, par une suite de dispositions, que les actes que le majeur peut faire, sont également dans la capacité spéciale du mineur qui fait le commerce ; soit, en indiquant les actes que le mineur ne peut faire en général, à stipuler dérogatoirement que ces actes peuvent être exceptionnellement accomplis par le mineur commerçant.

L'autre, plus bref, consiste à déclarer que le mineur commerçant est majeur pour les faits de son commerce — Dans cette manière, le mineur est réputé majeur ; mais cette présomption, contraire à la réalité des faits, est appelée *fiction*.

L'individu est mineur en réalité ; mais par une fiction, par une supposition contraire à la vérité, il est tenu pour majeur.

Avant la loi du 31 mai 1854, on citait la mort civile comme un exemple de fiction.

La loi ne veut pas que les personnes frappées de certaines condamnations, puissent se marier, tester, donner, recevoir. La loi pourrait retirer la capacité de ces différents actes, aux personnes qu'elle entendrait frapper : elle a recours à une formule plus courte : un mort ne peut ni se marier, ni tester, elle ordonne que ces personnes seront tenues pour mortes. C'est dire tout en un mot. Le législateur entend que la personne morte civilement, bien qu'en réalité elle vive, soit *censée*, soit *feinte* morte, — qu'elle soit traitée comme si elle était morte. En résumé, et d'après ces deux exemples, lorsque le législateur veut appliquer à des personnes qui se trouvent dans une certaine condition des règles édictées pour d'autres personnes, se trouvant dans d'autres conditions, il déclare qu'il ne faut pas tenir compte des différences ; il y a fiction, parce que dans ce cas, il feint que les conditions soient les mêmes quoiqu'elles soient différentes.

Une fiction est donc un moyen abrégé de rédaction que prend le législateur, pour faire connaître qu'il applique à une situation juridique, les règles faites pour une situation différente. Il y a des fictions de tout genre : il y en a pour les actes de commerce.

La loi a, dans certaines circonstances, voulu que des actes, qui, par eux-mêmes, par leur nature, par la force des choses, n'étaient pas des actes de commerce, fussent cependant traités, réglés, appréciés comme des actes de commerce, qu'on donnât à ces actes l'effet qu'ont les actes de commerce. Dans ce dessein, la loi a établi de véritables *fictions*, des actes de commerce fictifs. Le législateur a t-il indiqué cette différence entre les actes réputés commerciaux par une fiction, et les actes réputés actes de commerce par une présomption?

Nullement ; il a laissé le soin au jurisconsulte de rechercher s'il y avait fiction ou présomption. Les art. 632 et 633 se servent du mot *réputé*. Or, ce mot s'applique aussi bien quand il y a fiction, que quand il y a présomption.

Mais le jurisconsulte a-t-il un intérêt à faire la distinction entre la fiction et la présomption ?

Il est assez généralement reçu que les fictions sont de droit étroit ; ce qui veut dire que l'on entend rigoureusement et au pied de la lettre, ce qui est de la part du législateur l'objet d'une fiction. Il n'en est pas de même pour les présomptions. On verra plus loin l'application que nous entendons faire de cette distinction dans la matière qui nous occupe.

CHAPITRE II

Premier Alinéa de l'article 632.

Dans le premier alinéa de l'art. 632, « la loi répute acte de commerce, tout achat de denrées et de marchandises pour les revendre. »

Le commerce n'a pas de manifestations plus significatives que celles qui se produisent par un achat suivi d'une revente. Acheter pour revendre, c'est faire un acte essentiellement commercial, c'est le commerce même : commerce en gros, si celui qui s'y livre achète des quantités, qu'il revend sans les diviser : commerce en détail, si celui qui s'y livre achète en gros et revend en détail, c'est-à-dire, après avoir divisé les quantités achetées. Le commerce existe quelle que soit la nature des objets sur lesquels il porte ; ces objets par cela même qu'ils deviennent l'occasion d'un commerce, prennent le nom de marchandises, nom générique, extrêmement étendu, et qui signifie tout ce qui se vend. Une chose, par cela même qu'elle entre dans le commerce, devient marchandise : et quand elle sort du commerce, elle cesse d'être marchandise. La qualité qui fait qu'une chose est une marchandise, n'est pas dans la nature de cette chose même ; tout ce qui existe peut faire l'objet d'un commerce, et par conséquent, tout ce qui existe avec une valeur, est une marchandise. La qualité de marchandise n'est pas inhérente à certains objets déterminés : ce mot, cette idée n'est que l'expression d'un rapport : une chose dont on fait le commerce, est une marchandise : une chose dont on ne fait pas, ou dont on ne fait plus le commerce, cesse d'être une marchandise. Le caractère des marchandises est non en elles-mêmes, mais dans l'intention des personnes qui les détiennent, dans l'usage qu'elles en font ; on le disait dans un rapport présenté à la chambre des députés en 1841, sur le projet de loi, relatif à la vente des marchandises neuves, « une même chose peut cesser d'être et redevenir marchandise..... Si des livres, des meubles, des vêtements se trouvent dans le magasin du libraire, du marchand de meubles, du tapissier, ils seront *marchandises ;* aussitôt qu'ils auront passé entre les mains d'une personne pour former sa bibliothèque, meubler son appartement ou sa garde-robe, ils cesseront évidemment d'être marchandises ; ils redeviendront de nouveau marchandises s'ils retournent dans les mains d'individus, dont le commerce a pour objet ces sortes de choses. » La même chose peut être et n'être pas une marchandise : cette qualité dépend pour elle du rapport sous lequel on la considère. C'est le commerce qui définit la marchandise, ce n'est pas la marchandise qui définit le commerce.

Si, de l'examen des idées, on descend à l'examen des mots eux-mêmes, on reconnaît que marchandise signifiait originairement le fait même de commercer, l'action d'être marchand, de trafiquer et la chose objet du commerce. « Notre langue est si pauvre qu'elle ne fournit que ce mot pour signifier l'action et l'espèce, quoique la langue latine, bien plus riche que la nôtre, ait le mot *merx* pour signifier l'espèce, et *mercatura* pour signifier l'action. » (Toubeau. *Instituts du Droit consulaire*, livre Ier, titre XVII, p. 289.)

Si nous recourons aux lexiques les plus accrédités, nous voyons que marchandise signifie ce qui se vend et se débite, toutes choses qui se vendent. Domat, dont le langage est toujours si précis, intitule ainsi le quatrième chapitre de son titre de la vente « *De la Marchandise ou de la chose vendue.* Il explique ensuite qu'il est permis de vendre tant les choses incorporelles que les choses susceptibles de traditions réelles. M. Pascalis, opinant dans le sens de notre interprétation devant la Cour de cassation, en 1839, disait : « Dans une instruction publiée au commencement du xviiie siècle, avec l'agrément des juges-consuls de Bordeaux, sur la compétence de leur juridiction, nous lisons que cette compétence comprend les demandes dirigées entre autres personnes *contre les voituriers par terre et par eau, et généralement contre tous ceux qui font commerce de la marchandise.* La chambre des requêtes a décidé, par application de l'art. 420 du code de procédure, que la faculté, qui est donnée au demandeur d'assigner le défendeur devant le juge du lieu où *la marchandise devait être livrée*, appartenait à celui qui actionnait un entrepreneur de messageries à raison du contrat de transport qu'il s'était chargé d'accomplir (8 mars 1827, Sirey, tome 27, 1, 165). La Cour de cassation, chambre criminelle par arrêt du 9 août 1839, a décidé que l'art. 419 du code pénal, qui punit le délit de coalition entre les détenteurs *d'une même marchandise* (sic), dans le but de détruire toute concurrence, n'est pas limité aux marchandises corporelles, qu'il s'applique même aux entreprises de transport, à ceux qui les exploitent, et qu'il faut entendre par marchandises. « tout ce qui, étant l'objet des spéculations du commerce, a un prix habituellement déterminé par la libre et naturelle concurrence du trafic. » (V. Sirey, 1839, 1, 730.)

Les effets publics sont-ils des marchandises dont l'achat et la revente puissent constituer des actes de commerce?

On donne le nom d'effets publics, soit aux inscriptions de rente des différents États, soit aux actions de sociétés, soit aux obligations des mêmes sociétés ou des villes, lorsque ces diverses valeurs sont négociées et cotées à la Bourse.

Il n'est pas douteux pour nous que l'achat et la revente de ces diverses valeurs ne puisse renfermer un fait d'entremise, et ne puissent, dès lors, constituer un acte de commerce.

Sans doute « si l'achat est contracté dans la vue de conserver la rente, l'effet public quelconque comme placement, ou de l'affecter à un cautionnement, à un majorat, l'opération n'a rien de commercial, eût-elle été consommée dans l'intérêt d'un commerçant. » M. Mollot, qui en décide ainsi, a parfaitement raison (Mollot, *Des Bourses de commerce*, n° 446) ; mais, si l'opération n'est qu'une spéculation par entremise, telle que l'achat d'un effet pour le revendre avec bénéfice, alors l'opération est commerciale.

Cette idée, quelque simple qu'elle soit, n'a pas été admise sans difficulté.

M. Nouguier (*Des Tribunaux de commerce*, tome Ier, p. 373) a exprimé une opinion singulière : « Les fonds publics cotés à la Bourse ne sont pas, à proprement parler, des marchandises, ce sont des titres incorporels qui représentent une créance sur l'État; à ce point de vue, il est difficile de mettre leurs achats au nombre de ceux dont parle le 1er § de l'art. 632, mais ils constituent une véritable opération de banque ou de change. Leur achat, dans le but de les revendre, doit être réputé commercial. »

Cette opinion nous paraît erronée, en ce qu'elle refuse de comprendre, sous la dénomination de marchandises, les choses incorporelles: mais l'erreur de M. Nouguier nous paraît n'avoir pas de conséquence; que l'achat et la revente d'effets publics soient classés parmi les actes de commerce du 1er § de l'art. 632, ou parmi les actes de commerce du 4e §, il n'y a pas de différence quant aux résultats. M. Bédarride se trompe plus gravement (*De la Compétence des Tribunaux de commerce*, p. 204, n° 218) quand il exprime cette idée, que les opérations de banque et de change sont commerciales par elles-mêmes, abstraction faite de l'intention.

On a prétendu que l'idée de l'achat et de la vente d'effets publics constituant un acte de commerce, avait été repoussée d'une manière absolue par un arrêt de la cour de Paris du 7 avril 1835.

« Considérant, dit cette décision, que l'opération d'achat et de revente d'effets publics, qu'elle soit sérieuse ou fictive, ne constitue pas par elle même un acte de commerce (*Journal des Tribunaux de commerce*, p. 424, 1852.)

Cette décision n'a été présentée comme contraire à notre opinion que par suite d'une faute d'attention. Ce que la cour de Paris a décidé, c'est que l'achat et la revente d'effets publics ne constituaient pas *par le fait même* un acte de commerce. Cette idée est très-juste; il faut encore la preuve que l'achat a été fait dans un dessein d'entremise, et de spéculation ; la personne qui, ayant souvent des fonds à placer, les place en effets publics, puis revend ces effets quand elle a besoin de son argent, ne fait pas acte de commerce : ce qui fait l'acte de commerce c'est la spéculation par achat et vente, par entremise, ce n'est pas l'opération d'achat et revente par elle-même. L'arrêt de la cour de Paris du 7 avril 1835 nous parait très-bien rendu, et nous n'admettons pas la critique dirigée contre cette décision par MM. Teulet et Camberlin.

Il faudrait plutôt critiquer selon nous les décisions fréquentes du tribunal de commerce de la Seine, confirmées d'ailleurs le plus souvent par arrêts de la cour de Paris, et desquelles il semblerait résulter que l'opération d'acheter et revendre des actions industrielles est par elle-même un acte de commerce. Quand la question se présente devant le tribunal de commerce, il statue d'ordinaire en ces termes :

« Attendu qu'il résulte des débats et des pièces produites que X... se livrait habituellement à l'achat et à la revente d'actions industrielles, qu'il est dès lors commerçant.

— 9 avril 1852. Trib. de la Seine. Langrenat et Bierfuhcer. Teulet. 52. 114.

« Attendu qu'il résulte des explications fournies, que le défendeur se livre habituellement à l'achat et à la revente d'actions industrielles; que dès lors le tribunal est compétent. (21 Janvier 1852. Trib. de la Seine, Basery c. Mauq ; Teulet 52. 364.)

(Voir également :

— 3 août 1852. Trib. de comm. de la Seine. Dupré c. Bonafous. Teulet. 52 n° 326.

— 30 juin 1854. Cour de Paris. 1re ch. Beer c. Franch. Teulet. 54 1113.)

Les motifs de ces décisions ne nous satisfont pas complétement ; pour que le raisonnement soit juridique, il faut que le juge indique qu'il y a opération d'achat et de revente, c'est là le premier élément, et ensuite qu'il indique qu'il y a spéculation, c'est le second élément : ainsi nous approuvons une décision ainsi conçue.

« Attendu qu'il s'agit dans la cause d'un compte résultant

de ventes et d'achats successifs de valeurs publiques, faits a la bourse *dans un but de spéculation ;* que *dès lors* ces opérations constituent des actes de commerce, pour lesquels le défendeur est justiciable de ce Trib. 2 juin 1852. Trib. de la Seine, Devel c. Poutremolé. Teulet 52. n° 200.

(Voir également :

— 8 juin 1852. Trib. de comm. de la Seine. Fauche c. Nathan Hicger. Teulet. 52. n° 200.

— 28 janvier 1856. Cour de Paris 2me ch. Bartonneuf c. Corniller. Teulet. 56. n° 1725.)

Il faut, avant de quitter ce sujet, indiquer une idée.

L'achat et la revente constituent un acte de commerce, quand cette opération est faite avec une pensée de spéculation : mais comment discerner s'il y a ou s'il n'y a pas spéculation ? Les juges trouvent une raison de décider en fait dans la fréquence ou la rareté des opérations. Lorsque les achats et les reventes sont nombreux, répétés, suivis, successifs, il y a pour le juge une forte présomption que celui qui se livrait à ces actes le faisait dans une pensée de spéculation. — Les opérations, l'achat, la revente ne se suivent-elles qu'à de rares intervalles ? il y a présomption que la spéculation n'existait pas.

Est-ce à dire qu'un seul acte *d'achat* ne puisse constituer un acte de commerce ? nullement. La fréquence des opérations est un des éléments de la décision, mais ce n'est assurément pas le seul. Réciproquement la fréquence des opérations peut être indépendante de l'idée de spéculation. Il ne suffit pas qu'il y ait des achats et des reventes en grand nombre, pour qu'il y ait spéculation. La fréquence n'est que la base d'une présomption de fait, que les faits peuvent détruire. Aussi faut-il selon nous critiquer la rédaction des nombreuses décisions de justice qui font résulter la commercialité des opérations de leur suite, et de leur nombre ! de la suite et de la fréquence des opérations, il peut résulter pour le juge la preuve de la spéculation, et sur la preuve de la spéculation, le juge doit décider la commercialité ; mais décider absolument que, du moment qu'il s'agit dans une cause d'opérations suivies et importantes, il y a acte de commerce, c'est suivant nous exposer la jurisprudence à des erreurs par la rédaction incomplète des motifs de ses décisions. (16 juillet 1856. Tribunal de commerce de la Seine. Giblain c. Tuquet, Teulet 1857. 1934.)

Une question fort intéressante est celle, si l'achat d'un immeuble pour le revendre constitue un acte de commerce.

Il est certain d'une part que les caractères de l'acte de commerce doivent être cherchés dans la nature des opérations, dans les motifs qui les inspirent, et non dans la nature des choses sur lesquelles elles portent. Il est certain, de l'autre, que le fait d'acheter pour revendre, est un fait de commerce par sa nature, tout aussi bien si la chose achetée est immobilière que si elle est mobilière.

Il en résulte que l'achat d'un immeuble, pour le revendre, est un acte de commerce.

Cette décision est vivement contestée ; la loi, dit-on, n'entend par marchandise que les choses mobilières, il n'est jamais entré dans les vues du législateur qu'un immeuble pût être considéré comme une marchandise. On peut, à l'appui de cette idée, citer cette phrase de M. Tarrible :

« Les marchandises et tous les autres effets mobiliers peuvent être vendus aux enchères publiques... Les immeubles étaient des objets plus précieux. » (Discours de M. Tarrible, dans la séance du Corps législatif du 12 septembre 1807. Locré, 19, xxix, p. 585.) Cette objection ne nous touche pas.

De deux choses l'une, ou il faut déclarer que les mots « denrées et marchandises » doivent être entendus *stricto sensu*, dans le sens le plus matériel et le plus étroit ; que la pensée du législateur, en se servant de ces mots, a été limitative, exclusive : qu'il n'y a de commerce que dans l'achat et la revente des denrées et des choses ordinairement qualifiées de marchandises, ou il faut admettre que ces mots doivent être entendus d'une manière large, compréhensive, que le législateur, en parlant de l'achat et de la vente des denrées ou des marchandises, n'a eu en vue que le *plerumque fit*, et n'a entendu exclure aucun des biens qui peuvent se trouver dans le commerce.

De ces modes d'interprétation, si l'on admet le premier, sans doute il faudra décider que l'achat et la revente d'un immeuble ne peut être un acte de commerce; mais ce mode d'interprétation est-il admissible?

Ce ne sont pas les mots du législateur, les termes de la loi, qu'il faut rechercher, c'est la volonté du législateur, l'esprit de la loi. La langue, toujours plus ou moins impuissante, ne fait qu'indiquer la pensée, c'est aux interprètes à lire sous les mots, et en quelque sorte entre les lignes, ce que le législateur a voulu. Ce mode d'interprétation est le seul légitime, cela n'est pas douteux.

Si donc on admet, d'après le second mode d'interprétation, que les mots « denrées et marchandises » doivent être entendus de la manière la plus extensive, qu'ils n'ont rien de limitatif, ils doivent comprendre les immeubles.

Il est à remarquer que les auteurs qui refusent de considérer les immeubles comme susceptibles d'être l'objet d'une opération commerciale, sous le prétexte que les mots « denrées et marchandises » ne peuvent s'étendre à des choses immobilières, sont moins scrupuleux quand il s'agit de choses incorporelles. M. Bédarride qui, dans son livre sur les sociétés, s'élève contre la commercialité des opérations immobilières (*Des Sociétés commerciales*, tome I, n° 88), déclare dans son livre sur la Compétence des Tribunaux de commerce, que
« les mots denrées et marchandises, dans l'article 682, com-
« prennent tout ce qui peut faire la matière d'une spéculation :
« non-seulement l'or et l'argent, même monnayé, mais encore
« certains titres et droits incorporels, par exemple les fac-
« tures, lettres de voiture et connaissements, les lettres de
« change et billets, l'achalandage et les ustensiles servant à
« l'exploitation d'un établissement individuel, le droit de pu-
« blier les productions scientifiques et littéraires, la jouis-
« sance d'un brevet d'invention, les actions dans les compa-

« gnies commerciales et industrielles. » (*De la Compétence des Tribunaux de commerce*, p. 199, n° 213.)

Est-il logique d'admettre que le législateur, parlant des « denrées et marchandises, » a entendu désigner toutes ces choses, et de ne pas admettre qu'il a entendu également désigner les immeubles?

M. Bédarride s'est servi, pour combattre la commercialité des opérations immobilières, d'un argument qui nous paraît facile à détruire : « Voyez, dit-il (*Des Sociétés commerciales*, p. 99, n° 88), où conduirait le système que nous combattons.
« Il est incontestable qu'un seul fait d'achat de denrées ou
« marchandises pour les revendre constitue, de la part d'un
« non-négociant, un acte de commerce pour lequel il est sou-
« mis à la juridiction consulaire et passible de la contrainte
« par corps. Il faudrait donc, pour être logique, consacrer le
« même résultat contre celui qui aurait acheté un seul im-
« meuble pour le revendre. Or, nous le demandons, une telle
« conséquence peut-elle entrer dans les prévisions de qui que
« ce soit. N'arriverait-elle pas à la plus monstrueuse ano-
« malie, puisque ce serait par la revente qu'on pourrait juger
« de la nature de l'opération, et que l'achat d'un immeuble,
« contracté sans intention de le revendre, deviendrait un acte
« de commerce par cela seul que, pour profiter d'une occasion
« favorable et pour réaliser un bénéfice inespéré, on aurait
« consenti cette revente. »

Assurément il serait monstrueux que l'achat d'un immeuble, contracté sans l'intention d'une revente, fût un acte de commerce, mais c'est ce que personne ne soutient. M. Bédarride, dans son traité sur la Compétence des Tribunaux de commerce (p. 190, n° 204), a parfaitement dit que « la commercialité de
« l'acte réside moins dans sa nature que dans le but qu'il se
« propose. L'achat n'est acte de commerce que s'il est con-
« tracté dans l'intention de revendre. Si, au moment où il est
« opéré, cette intention n'a pas existé, il ne tombe pas sous
« l'empire de l'art. 632, quelque important qu'il ait été, et alors
« même qu'en fait, il aurait été suivi de la revente. » Ainsi

donc, tout en soutenant que l'achat d'un immeuble contracté avec l'intention de le revendre constitue un acte de commerce, nous reconnaissons que l'achat d'un immeuble contracté sans cette intention n'est pas plus un acte de commerce que ne le serait, dans les mêmes circonstances, l'achat de marchandises proprement dites. L'argument de M. Bédarride perd donc son autorité.

On invoque souvent un autre motif pour ne pas assimiler au point de vue de la commercialité, les opérations sur les immeubles aux opérations sur les meubles : ce motif est que les immeubles ne sont pas d'une transmission facile, rapide. C'est le système que nous avons indiqué plus haut. Le raisonnement se produit ainsi : les actes de commerce ont pour objet des opérations sur des choses d'une transmission rapide ; les immeubles n'ont pas ce caractère ; les achats et ventes d'immeubles ne sont donc pas des actes de commerce. Le défaut de ce raisonnement est dans les prémisses ; sans doute en général les choses, pour la vente desquelles les actes de commerce interviennent, sont des choses d'une transmission facile, mais ce n'est point là une règle absolue, et cette circonstance n'est pas essentielle aux actes de commerce. Il y a beaucoup de choses dont la transmission est facile et qui donnent naissance à des actes qui ne sont pas des actes de commerce. Ce qui fait le commerce, ce n'est pas la nature des choses, c'est l'intention, c'est la volonté des parties.

Les mots « la loi répute acte de commerce tout achat de « denrées et marchandises pour les revendre » nous paraissent confirmer d'une manière très-nette la théorie que nous avons exposée sur ce caractère des actes de commerce. Il résulte en effet de ces mots que la commercialité ne commence qu'avec l'entremise.

A... vend à B... son cheval que B... achète pour le revendre à C..., la vente que A... fait à B... sera-t-elle commerciale ? Non. Les termes de la loi s'y opposent. C'est l'achat des denrées et marchandises, qui est fait commercial : ce n'est pas la vente consentie par le propriétaire. Cette vente, c'est le dernier mot de l'offre, mais ce n'est pas encore l'entremise : l'entremise ne commence qu'avec l'achat, et l'achat est acte de commerce.

L'entremise se compose de deux faits : l'achat est le premier, la revente est le second. Il importe à notre théorie que la loi ait étendu le caractère commercial aux deux faits : pour le premier le doute n'est pas possible, c'est celui que nous venons de voir, l'achat; pour le second une certaine incertitude s'est élevée, mais la majorité des auteurs a décidé avec raison que la revente, étant la consommation même de l'entremise, devait être acte de commerce. « Lorsque celui qui a acheté « des choses pour revendre, les revend effectivement, il exé- « cute le but qu'il s'était proposé en achetant, but qui avait « déjà donné à son achat la qualité commerciale. » M. Pardessus le décidant ainsi, a été suivi par la jurisprudence constante.

La personne qui achète pour louer, fait un opération d'entremise. Cette opération doit donc être commerciale. L'est-elle aux termes de la loi? L'article 632 est formel : « La loi répute acte de commerce tout achat de denrées et marchandises pour les revendre..., *ou même pour en louer simplement l'usage.* »

Il paraît que le législateur a ajouté ces mots pour se conformer à l'opinion de Jousse. — Jousse en effet, dans son commentaire de l'ordonnance de 1673, s'exprimait ainsi : « On pourrait se demander si les ventes de chevaux faites par un maquignon à un loueur de chevaux sont de la compétence des juges consuls. Il paraît que oui, parce qu'un loueur de chevaux ne les achète point pour son usage, mais à raison de son état qui consiste à les louer; on doit dire la même chose des ventes de meubles faites par les marchands à d'autres personnes dont la profession est de louer des meubles. »

Il doit en être de même au cas où la personne loue pour sous-louer. La loi ne s'en explique pas, mais l'analogie entre les deux situations est manifeste; et sans aller jusqu'à cette idée vraie, mais un peu subtile, que dans tout louage il y a un achat, l'achat du droit de jouir, il faut reconnaître que la loi en parlant de l'achat fait avec l'intention de louer n'entend pas exclure la location faite avec un intérêt de sous-location. M. Molinier est formel sur ce point. (*Traité de droit commercial*, t. I, n° 26.) Il est vrai que la cour de Paris (3ᵉ chambre, 13 juillet 1861) a décidé qu'une société formée pour louer et sous-louer des propriétés immobilières n'avait pas pour objet des actes de commerce : mais la cour ne l'a pas décidé ainsi que parce qu'il s'agissait d'une opération faite sur des immeubles, et non point parce qu'il s'agissait d'une location à fin de sous-location. (D. P. 1861. 5. 9. Hamelin de Latour.)

CHAPITRE III

Deuxième Alinéa de l'article 632.

« La loi répute acte de commerce.... toute entreprise de manufactures. »

Il faut, pour établir que cette disposition de la loi consacre les idées que nous avons présentées, analyser les termes et l'esprit de cette disposition même : il faut, en d'autres termes, chercher ce que la loi entend par une *entreprise de manufactures*.

Trois systèmes sont en présence :

PREMIER SYSTÈME. — « Une entreprise est une convention par laquelle un des contractants s'engage à exécuter pour le compte de l'autre un travail moyennant un prix convenu d'avance. » Ce système se fonde sur l'art. 1799 du code civil.

Un charpentier s'engage à faire pour une personne un travail déterminé ; il est entrepreneur : la convention est une entreprise.

DEUXIÈME SYSTÈME. — « Une entreprise est le fait par une personne de louer le travail de différents ouvriers, et de procurer, par une sous-location, l'ensemble de ces travaux à une autre personne. »

Un charpentier s'engage à faire pour une personne un travail déterminé ; il n'est pas entrepreneur : il ne l'est que si, pour l'exécution de l'ouvrage, il prend des ouvriers pour aider son travail personnel.

Troisième système. — « Il y a entreprise dans le fait d'une personne qui, pour l'exécution d'un travail, fournit à forfait les matières premières. »

L'entreprise, dans le premier de ces cas, ne constitue pas nécessairement une entremise ; au contraire, dans le second cas et dans le troisième, il y a entremise ; car l'entrepreneur loue en détail pour relouer en bloc, ou a acheté les matières premières pour les revendre.

Avec quel sens faut-il entendre le mot « entreprise » dans l'art. 632 ? On est généralement d'accord pour reconnaître que si, *lato sensu*, il y a fait d'entreprise dans tout ouvrage exécuté à forfait, il n'y a entreprise, *stricto sensu*, dans le sens de l'art. 632, que si, pour l'exécution du forfait, l'entrepreneur a pris des ouvriers ou fournit les matières premières.

Cet accord vient de ce que, implicitement, tout le monde reconnaît qu'il n'y a pas fait commercial là où il n'y a pas fait d'entremise.

La loi ne dit pas simplement « *toute entreprise* » elle dit : « *toute entreprise de manufactures.* »

Que veut dire ce dernier mot ?

Le mot « manufacture » s'applique en général au lieu de travail de certaines industries, il est synonyme de *fabrique*, *atelier*, mais il a un autre sens, il signifie « la fabrication de certains produits de l'industrie. » Dans ce sens le mot manufacture vieillit (V. *Dictionnaire de l'Académie française*).

Pour qu'une entreprise de manufacture soit un acte de commerce, faut-il qu'elle s'accomplisse au moyen d'atelier, de fabrique ? Non, sans doute. C'est dans le sens vieilli, mais le plus large, qu'il faut entendre le mot « manufacture » tel qu'il est employé dans l'art. 632. Il doit être pris comme synonyme de fabrication industrielle.

Ici se présente une difficulté : Une entreprise de terrassement sera-t-elle un acte de commerce ?

S'il s'agit d'une entreprise exécutée par un entrepreneur avec concours d'ouvriers, il n'y a pas de doute selon nous, et nous ne saurions admettre la jurisprudence de quelques arrêts qui décident, sans donner d'ailleurs de motifs, que les entreprises de terrassements ne sont pas commerciales (arrêt de Nancy du 9 août 1850. Erard, D. P. 1850, 2, 202).

Dira-t-on, pour enlever à l'entreprise de terrassements son caractère commercial, d'une part, « que les causes dont la connaissance est dévolue aux tribunaux de commerce se rapportent toutes à des opérations, entreprises ou actes purement mobiliers, soit par leur nature, soit par la détermination de la loi ; » d'autre part, « que les travaux de terrassements se rat-
« tachent essentiellement au sol immobilier sur lequel ces tra-
« vaux doivent s'opérer ? » (V. arrêt de Nancy du 2 février 1841. Saxel et Belhommet. D. P. 1841, 2, 95.)

Cet argument repose sur deux erreurs : la première suppose que toute opération sur des immeubles échappe à la commercialité. Nous avons réfuté cette erreur plus haut. La seconde consiste à croire que la nature des opérations résulte de l'objet auquel elles s'attachent accessoirement. Nous verrons plus loin combien cette théorie de l'accessoire est dangereuse.

« La loi répute acte de commerce *toute entreprise de com-
« mission*. »

On sait ce qu'il faut entendre par *entreprise* ; que faut-il entendre par entreprise de commission ?

La commission, on l'a dit souvent, est le contrat commercial par excellence. Pourquoi lui attribuer ce caractère de préférence ? C'est qu'il est essentiellement et ne peut être qu'un fait d'entremise. Toute autre opération peut-être civile ou commerciale d'après la nature des intentions des parties ; mais la commission ne peut être qu'une entremise et une entremise intéressée. Toute commission est donc un acte de commerce.

La loi dit « *toute entreprise de commission;* » faut-il en conclure qu'il n'y a pas dans une commission isolée un acte de commerce? Ce serait donner au mot entreprise un sens trop restreint. Entreprise doit-être ici entendue dans le sens d'opération : aussi n'hésitons-nous pas à décider qu'une seule opération de commission peut être commerciale. Sans doute, s'il s'agit d'une opération unique, celui qui s'y sera livré ne sera pas commissionnaire, ni commerçant; mais il n'en sera pas moins vrai que l'opération sera un fait de commerce.

On le remarque avec beaucoup de raison. — Si les mots toute entreprise de commission avaient eu dans la pensée du législateur la même signification qu'on leur prête, quel besoin de dire que celui qui se livre à une telle entreprise fait acte de commerce, puisque tous ses engagements sont réputés commerciaux par cela seul qu'il est commerçant de profession? autant vaudrait prétendre que dans le même article tout *achat de denrées ou de marchandises pour les revendre* ne doit être entendu comme acte de commerce que de celui dont l'habitude est de faire de tels achats, c'est-à-dire du commerçant de profession, tel que le définit l'article 1er, ce qui serait absurde. Il ne s'agit donc dans la loi que du fait isolé de celui qui achète pour revendre comme du fait isolé de celui qui se charge d'une commission. (Delamarre, T. I, p. 76.)

La loi réputeacte de commerce « toute entreprise de transport par terre ou par eau.» Il n'y a pas acte de commerce toutes les fois qu'il y a acte de transport. L'homme de peine, qui porte mon bagage au chemin de fer quand je pars pour un voyage, ne fait pas acte de commerce : il y a transport, il n'y a pas entremise. La loi a donc eu raison de ne pas qualifier acte de commerce toute opération de transport.

De même encore, « le cultivateur qui, après avoir conduit
« ses grains ou ses denrées en ville, en ramènerait des mar-
« chandises pour le compte d'autrui moyennant une rétribu-
« tion, neferaitpas acte de commerce»(Pardessus, p. 45, n°39).

S'il n'y a pas entremise dans ces cas, pour qu'il y ait entremise que faut-il donc?

Il faut que celui qui se charge du transport emploie des aides, ait acheté des voitures pour faire les transports ; dans ce cas il y a entremise entre les marchands de chevaux, de voiture, entre les personnes dont l'entrepreneur emploie les services, et le public ; et du moment qu'il y a entremise et entremise intéressée, il y a acte de commerce. C'est à cause de cela que la loi n'a pas dit : tout transport sera un acte de commerce ; mais « toute *entreprise* de transport. »

Le conducteur d'un train du chemin de fer de Rouen reçoit d'une personne un paquet renfermant des valeurs, et ce conducteur moyennant une rémunération, qu'il fixe, s'engage à remettre ce paquet à une autre personne à Mantes ; y a-t-il transport ? y a-t-il entremise en ce cas ?

Il n'y a pas entremise.

Pourquoi !

Parce que le conducteur fait lui-même la transmission ; il est dans le cas du propriétaire qui vend sa récolte, de l'auteur qui vend son livre.

La Cour de cassation a jugé dans ce sens par arrêt du 1er septembre 1848 (D., p. 49, t. 22); elle n'a admis la compétence commerciale que par application de l'art. 534, et en considérant le conducteur comme préposé.

M. Bédarride (de la compétence des *Tribunaux de commerce*), citant un arrêt analogue de la Cour de cassation, en date du 20 février 1841, s'exprime ainsi : « le haleur qui se loue pour
« traîner un bateau et qui, cette tâche remplie, reçoit et em-
» poche le salaire qu'il vient de gagner, n'est et ne saurait
« être un entrepreneur, pas plus que le commissionnaire de
« coin de rue ne fait une entreprise de commission, pas
« plus que le portefaix ne fait une entreprise de transport. »

CHAPITRE IV

Troisième Alinéa de l'article 632.

« La loi répute acte de commerce toute entreprise de fourniture. »

Cette disposition est surabondante : que fait le fournisseur ? il achète pour revendre. Ses opérations portent donc énergiquement imprimée la marque de la commercialité, le caractère de l'entremise.

Toute entremise se faisant entre deux personnes, est-il nécessaire que l'une ou l'autre soit commerçante ? nullement : ainsi l'entrepreneur de fournitures fait acte de commerce quand même le créancier des fournitures n'est pas commerçant ; de nombreux arrêts l'ont décidé. (Turin, 26 février 1814; — Caen, 27 mai 1818; — Paris, 15 avril 1836; — Cassation, 10 février 1836.)

Jusqu'ici nous avons trouvé les dispositions de la loi très-conformes aux idées que nous avons exposées rationnellement : mais il semble que nous arrivons à une disposition de l'art. 632 qui fait brèche à notre théorie.

« La loi répute acte de commerce toute entreprise d'agences,
« bureaux d'affaires, établissements de ventes à l'encan. »

M. Bédarride a été frappé de ces difficultés. Après avoir parlé des entreprises de fournitures, venant à parler des agences, il s'exprime ainsi : « la classification des agences et
« des bureaux d'affaires, dans la catégorie des actes de com-
« merce, paraît plus difficile à justifier. Comment en effet
« concevoir la qualité de commerçant chez celui qui s'occupe
« exclusivement soit du contentieux civil, soit du recouvre-
« ment ou de la cession des créances ordinaires, soit de l'achat
« et de la vente des immeubles ? » M. Bédarride, un peu plus

loin, va jusqu'à qualifier « d'anomalie » cette disposition de la loi.

Divers systèmes ont été proposés pour justifier la classification critiquée par M. Bédarride.

Premier système. — Les institutions et les conventions civiles de leur nature deviennent commerciales quand elles ont trait, et se rattachent à des opérations commerciales, par suite de la règle qui veut que l'accessoire ait le caractère du principal ; or les agences et les bureaux d'affaires, dont la loi entend parler, sont les agences et les bureaux où se traitent les affaires commerciales. L'entreprise d'une agence, dans laquelle ne se traiteraient que des affaires civiles, serait civile. La cour de Bruxelles consacrait ce système par arrêt du 9 novembre 1823.

Ce système, malgré l'autorité de cette décision, nous paraît doublement erroné : d'abord il est constant pour nous, ainsi qu'il sera démontré plus loin, que l'on abuse de la règle que l'accessoire suit le principal ; en second lieu, les termes de l'art. 632 sont, comme le remarque fort bien M. Bédarride, généraux, absolus, sans exception ; ils atteignent donc même les agences et bureaux d'affaires dont le directeur ne s'occuperait que d'affaires civiles.

Deuxième système. — Les entreprises d'agence d'affaires ne sont pas, par leur nature, commerciales ; mais le législateur a classé arbitrairement ces sortes d'actes parmi les actes de commerce par le désir qu'il avait « d'accroître la confiance qu'ob-
« tiennent les hommes qui sont pour ainsi dire dépositaires
« nécessaires, et pour mieux distinguer la profession d'avocat
« du métier d'agent d'affaires. » Ce système a été présenté par M. Pardessus (T. I, p. 48, n° 32).

Ces motifs paraissent à M. Bédarride et à nous « difficiles à
« admettre; nous ne croyons pas que le législateur ait été fort
« jaloux de solliciter et d'accroître la confiance en faveur des
« agents d'affaires, » et, « quant à l'honorable profession d'avocat, ne se distingue-t-elle pas assez du métier d'agent d'affaires par ses conditions, ses usages, ses lois, ses traditions de loyauté

et d'honneur? » (Bédarride 2, 1, p. 255, n° 270 de la *Compétence des trib. de commerce*).

TROISIÈME SYSTÈME. — Les entreprises d'agences et de bureaux d'affaires ne sont pas par leur nature des actes de commerce : mais le législateur a classé ces sortes d'actes dans la classe des actes de commerce, « par une précaution contre l'abus qu'on peut faire de cette industrie! N'a-t-on pas voulu, dit M. Bédarride, en les atteignant dans leur liberté, se garantir contre la fraude et maintenir les agents d'affaires dans les voies de la probité et de la délicatesse? » (*De la Compétence des tribunaux de commerce*, p. 256, n° 270.)

Ce système ne nous semble pas mieux fondé que celui de M. Pardessus. La menace de la contrainte par corps n'est peut-être pas un excellent moyen de retenir dans les voies « de la probité et de la délicatesse » les directeurs d'agences d'affaires qui voudraient s'en écarter; d'ailleurs il nous répugne de déclarer que la loi a classé des actes civils dans la classe des actes commerciaux, non pas en vertu d'un principe rationnel, mais pour un motif d'utilité.

Il nous paraît certain que l'entreprise d'une agence, bureau d'affaires, est un acte de commerce, parce que c'est un acte d'entremise; le directeur d'une agence, bureau d'affaires, à des employés dont il met les services, le travail, l'intelligence à la disposition du public.

Cette explication répond d'une manière satisfaisante à une objection de M. Bédarride. Pour qu'il y ait entremise, il faut que l'intermédiaire agisse *proprio nomine*, dit cet auteur. Or ce n'est pas, ajoute-t-il, le caractère des agents d'affaires. « Agissent-ils, peuvent-ils agir comme les commissionnaires commerciaux en leur nom personnel? N'est-ce pas, au contraire, toujours les parties qui traiteront entre elles, soit directement, soit par fondés de pouvoir? » (*De la Compétence des tribunaux de commerce,* p. 256, n° 270.)

Cette objection repose sur une confusion ; il ne s'agit point, quand on dit qu'une entreprise d'agence constitue une entremise, de l'entremise entre les personnes qui viennent demander, par exemple, à acheter des titres de créances, et les personnes qui viennent demander à en vendre : il s'agit de l'entremise en vertu de laquelle le directeur de l'agence loue le travail de ses employés, et le sous-loue au public; de même dans l'entreprise d'un factage, d'un roulage, il ne s'agit pas de l'entremise entre ceux qui font venir des paquets et ceux qui les expédient ; ce n'est pas là le fait essentiel de l'entremise ; l'entremise, dans une opération de roulage, est établie entre les rouliers qui conduisent la voiture et le public qui s'en sert par le moyen de l'entrepreneur.

Il résulte du système que nous venons d'adopter que la personne, dont les opérations ne demandent le concours d'aucun employé, qui agit par elle-même, ne saurait être considérée comme faisant des actes de commerce. La cour d'Amiens a, par arrêt du 10 juin 1823, décidé avec raison que celui dont les opérations se bornent à se présenter, comme fondé de pouvoirs, devant le juge de paix, n'est pas dans la classe des agents d'affaires auxquels l'article 632 doit s'appliquer.

On ne saurait ici tenir assez de compte des expressions du législateur, il n'a pas parlé des agents d'affaires, mais « d'une entreprise de bureau, agence d'affaires. »

Le directeur d'une société qui occupe des employés fait-il avec eux acte de commerce ? Est-il dans la situation d'un agent d'affaires ?

Il faut distinguer : il fait acte de commerce s'il se porte intermédiaire entre les employés et la société avec un bénéfice de spéculation : il ne fait pas acte de commerce s'il occupe, traite et paye les employés avec les deniers de la société, et si les employés sont aux frais de la société.

Rien de plus rationnel que cette distinction ; dans le premier cas, il y a entremise, trafic, bénéfice, dans le second, ces conditions manquent.

Ces idées sont si délicates qu'il nous sera permis d'en faire l'application à une espèce.

Il existait à Toulouse une société d'assurances mutuelles la *Providence agricole*. Le directeur de cette société avait nommé un sieur Bouloc inspecteur divisionnaire de cette société. Bouloc, n'étant pas payé de ses frais et émoluments, assigna le directeur devant le tribunal de commerce.

Le directeur répondit que le tribunal de commerce était incompétent, parce que d'une part c'était au nom et comme représentant de la société, que lui, directeur, avait traité avec Bouloc, et que d'autre part la société elle-même, à laquelle Bouloc devait s'adresser était une société civile.

Le tribunal de Commerce d'abord, la cour de Toulouse ensuite, par arrêt du 3 avril 1845, repoussèrent le moyen d'incompétence présenté par le directeur de la Providence, non pas par ce motif que la Providence aurait été une société commerciale, mais par ce motif que, aux termes de l'article 48 des statuts, le directeur avait pris à forfait les frais de son administration, et que sous ce rapport il devait être considéré comme agent d'affaires (v. D. P., 1845, 5, 7).

La loi répute acte de commerce « toute entreprise d'établissement de ventes à l'encan. »

On sait ce qu'on entend par vente aux enchères, à l'encan. La liberté du commerce et le droit de la propriété impliquent le droit, pour celui qui veut se défaire d'une chose, de la vendre comme il lui plaît, soit à l'encan, soit autrement. Le législateur, jusqu'en 1841, avait respecté ce privilège de liberté commerciale; la loi du 25 juin 1841 a défendu, dans un grand nombre de cas, pour des raisons de protection commerciale, la vente aux enchères de certaines marchandises; mais, d'une part, cette prohition n'existait pas en 1807, lors de la rédaction du code de commerce; de l'autre, elle ne s'étend pas encore à la vente de toutes les marchandises. L'article 632 déclare que le fait d'entreprendre un établissement de vente à l'encan est un fait commercial. On conçoit la raison de cette disposition. Celui qui crée un de ces établissements met en rapport les employés dont il se sert avec le public, il loue ou il achète un local pour en sous-louer l'usage. Il y a là fait d'entremise.

Ce qui confirme notre interprétation, c'est que la loi ne répute pas acte de commerce la vente à l'encan, mais l'établissement d'une vente à l'encan, ce qui est différent. Dans le cas d'une vente à l'encan par un propriétaire de ses récoltes, il n'y a pas acte de commerce, parce qu'il n'y a pas entremise.

La loi répute acte de commerce « l'établissement d'un spectacle public. »

Que fait un directeur de spectacle ? Il loue une salle afin de la sous-louer en détail au public ; il loue des machinistes afin de faire jouer devant le public des décors ; il loue des acteurs afin de procurer à la foule le plaisir du spectacle.

Il y a là fait d'entremise, et par conséquent fait commercial.

Mais, s'il s'agissait d'un acteur jouant lui-même une pièce de sa composition, dans une salle lui appartenant ou qui lui serait prêtée, il n'y aurait plus entremise, partant plus d'acte de commerce. La cour de Paris, dans ses observations sur le projet du code de commerce, disait, en distinguant très-bien l'entremise qui rend commerciale l'entreprise d'un spectacle public : « On avait cru devoir précédemment excepter les entrepreneurs de théâtre de la classe des négociants, et c'était la jurisprudence des tribunaux avant la révolution. Elle pouvait avoir un fondement lorsque les acteurs étaient en même temps comédiens et entrepreneurs de leur propre théâtre. Que Molière, par exemple, après avoir composé une pièce, la récitât devant une assemblée choisie, ou que, voulant réunir un plus grand nombre de spectateurs, il s'associât une troupe, distribuât les rôles, joignît à la déclamation les costumes et l'appareil d'un théâtre, le résultat, au fond, était toujours le même, c'était toujours Molière, ou l'homme de génie, faisant part au public de ses productions, *vendant*, si l'on veut, *les fruits de son propre sol*, et à ce titre, il ne pouvait être considéré comme marchand : mais depuis que des individus, mettant à profit pour leur propre compte les travaux d'autrui, se sont érigés en entrepreneurs de théâtre, depuis surtout que les théâtres se sont si étrangement multipliés et sont devenus des objets de spéculation qui occupent plus d'ouvriers, appellent plus de capitaux que beaucoup d'entreprises de commerce très-importantes, dès ce moment les idées ont dû changer et ont changé en effet. »

L'acteur qui prend à l'égard d'un directeur de spectacle l'engagement de jouer un rôle, fait-il acte de commerce? Manifestement non; il n'y a pas entremise de sa part : *il vend*, comme disait la cour de Paris, *les fruits de son propre sol*. Il ne fait pas plus acte de commerce que le propriétaire qui vend sa récolte, que le peintre qui vend son tableau, que le sculpteur qui vend sa statue, que le portefaix qui livre le service de ses bras et de sa force.

La jurisprudence a souvent décidé que les contestations entre acteurs et directeurs de spectacle étaient du ressort des tribunaux de commerce, mais cette jurisprudence, que l'on peut critiquer, ne se fondait pas uniquement sur le caractère commercial de l'engagement de l'acteur.

M. Vial explique ainsi une des causes de cette jurisprudence erronée : « Ce ne peut être, dit-il (*Revue du Droit commercial*, « août 1864, p. 65), qu'un vieux souvenir de l'ancienne répro-
« bation dont les acteurs étaient injustement frappés, qui les
« maintient encore en dehors du droit commun..... L'art dra-
« matique a débuté sur des tréteaux. »

CHAPITRE V

Quatrième Alinéa de l'article 632.

La loi répute acte de commerce « toute opération de change. »
Cette disposition donne lieu à de graves difficultés.

Il faut faire tout d'abord une distinction : la distinction qui existe entre le change et la lettre de change.

Cette distinction ressort de l'article 632 lui-même : le § 5 de cet article répute acte de commerce toute opération de change et le § 7 et dernier répute acte de commerce la lettre de change ou remise d'argent de place en place.

Cette distinction est capitale ; c'est la différence même du fond et de la forme. Le change, c'est le contrat même, c'est l'opération, la double obligation, née de la volonté des parties. La lettre de change n'est qu'un moyen de réalisation et de preuve du contrat. Le change peut exister sans qu'il y ait lettre de change ; et la lettre de change peut exister sans qu'il y ait change. Le change a existé de tout temps : il y a des exemples dans Cicéron (*Epistol. ad Atticum* XII. 24) qui prouvent que ce contrat a existé chez les Romains. La lettre de change, au contraire, est d'origine relativement récente, elle ne paraît, dans l'histoire des relations sociales, que vers le XIIe ou le XIIIe siècle.

Il en est du change, et de la lettre de change comme de la distinction entre l'ordre civil, et l'ordre commercial d'une part, et la création des juridictions consulaires. La distinction de l'ordre civil et de l'ordre commercial et le change, sont de ces faits universels, nécessaires, qui se produisent, partout où l'homme existe en état de société. La lettre de change, comme l'organisation d'une juridiction spéciale pour les affaires de commerce, est un de ces faits accidentels, de beaucoup postérieurs, et dont le caractère n'est ni nécessaire, ni universel.

Cette première distinction fort importante étant saisie, il faut de suite en proposer une autre. Le change en effet se produit avec des effets, et sous des formes très-variées.

1° On entend par opération de change, le fait par une personne de recevoir d'une autre personne, une certaine somme représentée par une monnaie pour livrer en échange à cette personne la même somme représentée par une autre monnaie.

Voici l'exemple que donne Sccacia.

«Tu dois payer à un marchand génois, 470 livres génoises, tu veux lui donner 100 écus d'or. La valeur réelle de l'écu, est supérieur à sa valeur nominale. En effet la valeur nominale de l'écu est de 4 livres et 10 sous, et la valeur réelle est de 4 livres et 14 sous. Le marchand génois ne veut pas recevoir tes 100 écus d'or, qui, sur le pied de 4 livres 14 sous l'écu, lui donneraient bien 470 livres : il ne veut les recevoir que sur le pied de la valeur nominale, de sorte qu'avec tes 100 écus tu ne peux lui payer 450 livres, que fais-tu ? Tu ne peux forcer le marchand à recevoir les écus sur leur valeur réelle. Tu vas chez un changeur, et tu achètes avec tes 100 écus d'or autant de *Cavalotti* (monnaie génoise), que le changeur te fournit en échange des 100 écus qu'il prend sur le pied de 4 livre 11 sous l'écu. Le marchand génois ne peut refuser les *Cavalotti ;* et tu gagnes à avoir changé tes 100 écus, 5 livres ; car chaque écu te rapporte un sou et cent sous font 5 livres. »

Une personne doit 100 écus d'or; mais elle n'a que leur valeur en autant de réaux d'Espagne. Si le créancier ne veut pas recevoir des réaux pour des écus, le débiteur devra recourir a un *petit* change, en donnant ses réaux pour qu'on lui rende des écus.

Ce change, comme on le voit, s'accomplit dans le même lieu entre une monnaie d'une espèce et une monnaie d'une autre espèce ; soit par l'échange d'une monnaie d'une forme, contre une monnaie d'une autre forme, soit par l'échange d'une monnaie d'un certain titre, contre une monnaie d'un titre différent.

Dans ce change, on ne considère pas laquelle des deux parties compte, et laquelle reçoit. La double opération se fait en même temps; le changeur rend une somme égale à celle qu'il reçoit, en retenant toutefois un droit de change, qui le rémunère de ses soins et services.

Ce change est le change véritable, proprement dit ; il ne peut y entrer aucune usure ; il ne s'y mêle explicitement ou implicitement aucune idée de prêt ; car, pour qu'il y ait prêt, il faut un délai (*temporis dilatio*) et dans ce change tout se passe de suite. Il ne pourrait y avoir d'injustice commise dans un pareil change, que s'il n'y avait pas égalité entre les deux sommes.

Ce change s'appelle le petit change, le change *menu*, le

change *sans lettres*, le change *réel*, — ou encore le change *manuel*.

On l'appelle petit change, par ce que de petites monnaies sont fournies contre de plus grosses, ou de plus grosses contre de plus petites.

Ou bien parce que, comparé au change par lettres, il est plus rare, se fait en plus petite quantité.

Ceux qui se livrent au petit *change*, en Italie, s'appellent *Bancherotti* et non *Banquiers*, ainsi que le remarque Sccacia : de même, en France, il y a deux mots : le nom de *changeur* est spécial à ceux qui se chargent du petit change.

Où y a-t-il, dans une opération de ce genre, entremise ?

Le voici : le changeur achète de l'argent là où il le trouve à bon marché, pour le revendre cher là où il trouve à le vendre cher. Il s'entremet entre ceux qui veulent se défaire de leur or, et ceux qui veulent se munir d'or ; mais, s'il y a entremise dans le fait de celui qui opère le change, il n'y a pas entremise dans le chef de celui qui donne lieu à cette entremise. La cour de Paris en jugeait ainsi par arrêt du 11 mars 1833 : elle décidait, sans donner de motifs, que le simple échange, par une personne non commerçante de monnaies étrangères contre d'autres valeurs, ne constituait pas un acte de commerce de la part de cette personne. (D. P. 1833. 2. 140.)

2° On entend, par change, la convention par laquelle une personne, moyennant une valeur reçue dans un lieu, s'engage de procurer une somme d'argent à une personne où à ses représentants dans un autre lieu.

Quant à ce qui concerne l'acte de commerce renfermé dans ce second genre de change, il faut remettre l'examen de la question à l'explication du dernier alinéa.

La loi répute acte de commerce « toute opération de Banque. »

L'ensemble des lettres de change tirées par les négociants d'une ville forme un ensemble de marchandises. Ces marchandises ont un cours. Le *cours* est un des caractères, non pas essentiel, mais naturel, des choses qui sont dans le commerce, des marchandises. Une personne pensant que ces cours s'élèveront, achète de ce genre de marchandises dans l'intention de les revendre une fois que le cours aura monté. Voilà, on le conçoit, un acte d'entremise, partant un acte de commerce. C'est ce qu'on appelle l'escompte, c'est une opération de banque.

Au premier coup d'œil il semble que les conditions dans lesquelles s'opèrent les achats et ventes des effets de commerce soient spéciales. Pour les marchandises ordinaires, le prix d'achat augmente à raison de l'augmentation de la valeur ; plus une marchandise a de valeur, plus cher on la paye : cela est élémentaire. S'agit-il d'un effet de commerce, au contraire, le taux de l'escompte s'abaisse à mesure que la marchandise acquiert de la valeur. Plus une lettre de change a de valeur par la solvabilité du tireur, plus s'abaisse le taux de l'escompte ; plus au contraire la valeur de la marchandise diminue, plus la solvabilité du tireur est douteuse, et plus le taux de l'escompte s'élève.

Ces différences entre le prix d'achat des marchandises, et le taux d'escompte des effets de commerce tiennent à une circonstance tout extérieure, à un mode spécial de calcul. Les effets de commerce ont ce qu'on appelle un pair, c'est-à-dire une valeur réputée normale calculée sur le titre de création. Le pair d'une lettre de change de 5,000, c'est 5,000 francs. Si le prix d'achat d'une lettre de change était égal à cette valeur normale, on dirait qu'il n'y a pas d'escompte ou que l'escompte est au pair. La valeur réelle de l'effet de commerce est-elle supérieure à la valeur normale, on appelle prime ou escompte en dehors la différence entre la valeur et le prix payé. Mais ordinairement la valeur réelle d'un effet est inférieure à son titre, à son pair, et dans ce cas, on appelle escompte en dedans, la différence entre le pair et le prix payé ; On comprend qu'avec cette manière de compter, plus la chose est dépréciée, plus la différence entre le pair et le prix, plus l'escompte augmente.

La différence indiquée tient donc à cette circonstance que les effets de commerce ont un pair, et que les marchandises ordinaires n'en ont pas.

L'achat et la revente des effets de commerce, l'escompte et le réescompte se font donc dans les mêmes conditions que pour toutes les marchandises, et le principe de la commercialité, le fait d'entremise existe dans les opérations de Banque sous une forme très-nette.

La loi répute acte de commerce « toute opération de courtage. »

« Le courtage consiste, disent les auteurs, dans la spéculation
« par laquelle un individu, se rendant médiateur salarié entre
« deux personnes ayant des intérêts distincts et séparés, reçoit
« les propositions de l'une d'elles, les transmet et les fait
« agréer à l'autre, et, le marché conclu, les met en rapport
« l'une avec l'autre. » (Bédarride, *de la Compétence des tribunaux de commerce*, p. 275. Nonguier, tome 1er, p. 460. Orillard, n° 356.) Cette définition, bonne d'ailleurs, a le défaut de ne présenter qu'une des manifestations du courtage : il y a en effet courtage tout aussi bien quand l'entremise a lieu du public à un particulier, ou d'un particulier au public que dans le cas où il y a lieu entre deux particuliers.

M. Pardessus paraît croire, d'après un passage de son traité de droit commercial, que le courtage ne serait pas par lui-même un fait de commerce : « Le courtage, dit-il (t. Ier, p. 46),
« est un genre de négociation qui a pour caractère propre de
« servir d'intermédiaire dans une négociation entre deux ou
« plusieurs personnes dont les intérêts sont opposés. Entendu
« dans ce sens large, le courtage pourrait n'être qu'une simple
« opération civile. » M. Pardessus semble décider que si le législateur a rangé les opérations de courtage parmi les actes de commerce, cette disposition tient : 1° à ce que, « le plus habi-
« tuellement, ce sont les négociations commerciales qui rendent
« nécessaire » l'intervention d'un courtage, et 2° à ce que les courtiers « font de leurs opérations une profession lucrative. » De ces deux motifs le second seul doit être retenu ; c'est, en effet, parce que le courtage est une opération faite dans une vue de lucre qu'il constitue un fait commercial : mais la raison qui a fait placer le courtage dans la classe des actes de com-

merce, c'est que le courtage est un fait d'entremise, et c'est d'ailleurs ce que M. Pardessus paraît reconnaître lui-même quand, parlant des courtiers (t. Ier, p. 140), il dit « que le cour-
« tage est, *de sa nature*, une opération commerciale. »

Il nous sera permis de faire ici, à propos de la commercialité des opérations de courtage et des questions soulevées par l'application de ces opérations, une observation qui nous paraît intéressante et opportune.

Ce n'est pas en général la loi qui établit entre les personnes les rapports juridiques ; sa puissance naturelle n'atteint pas jusque-là : elle peut définir ces rapports, en déterminer les caractères, en régler, dans une certaine mesure, la portée, mais elle ne peut ni supprimer ces rapports là où ils existent, ni les créer là où ils n'existent pas, ni changer leur nature.

La commercialité des opérations de courtage nous offre un exemple curieux de ce principe, dont il faut montrer l'application si l'on veut en faire sentir l'importance. L'opération de courtage est de sa nature commerciale, nous l'avons dit, elle restera donc commerciale toujours, partout et, en quelque sorte, malgré le législateur lui-même.

La disposition de certaines lois a accordé le droit d'accomplir les opérations de courtage à certaines personnes à l'exclusion des autres. Pour faire une opération de courtage, il faut, dans certaines villes du moins, être courtier, et pour être courtier, il faut avoir reçu du gouvernement une certaine investiture. Là où il existe des courtiers officiels, nul autre qu'eux ne peut exercer les fonctions d'intermédiaires commerciaux sans encourir les peines prononcées par la législation spéciale. Or, nonobstant la volonté expresse de la loi, « chaque jour, » dit un auteur (Bédarride, *de la Compétence des tribunaux de commerce*, p. 276), « voit s'accomplir ce qu'elle prohibe, et rien, on peut
« le dire, n'est plus fréquent que l'usurpation des fonctions de
« courtiers. » L'illégalité de ces actes en modifiera-t-elle le caractère commercial? Nullement, et c'est là une des applications du principe que nous établissions plus haut sur les limites de l'autorité de la loi.

Ici se présente une très-grave difficulté : la loi répute acte de commerce les actes du courtier et les actes du commissionnaire. Que faut-il dire des actes du mandataire ?

Pour résoudre cette difficulté, il faut, suivant nous, pénétrer dans les caractères constitutifs du contrat de mandat, du contrat de commission, du contrat de courtage : mais, quand on aura ainsi pénétré ces trois contrats, on comprendra, non-seulement pourquoi les actes du commissionnaire et les actes du courtier sont des actes de commerce, tandis que les actes du mandataire ne peuvent jamais avoir ce caractère, mais encore on entendra la différence qui sépare le contrat de mandat du courtage, de la commission, du louage de service.

Il faut partir d'un premier principe.

On sait que la science contemporaine s'est appliquée à donner l'idée juste de la *valeur*. Elle a établi que par *valeur* il fallait entendre non une propriété, une manière d'être des choses elles-mêmes, mais le rapport entre le besoin de celui qui veut vendre et le besoin de celui qui veut acheter ; que par prix, il fallait entendre l'appréciation de la valeur faite par les deux parties d'accord ou par l'une des deux seulement ; et qu'enfin, par spéculation, il fallait entendre les combinaisons au moyen desquelles les parties tenaient compte de leurs besoins respectifs, ou parvenaient à les modifier.

Partant de ces idées la science a fort bien démontré que le prix était plus que la rémunération des peines, que ce qu'on appelle le prix de revient, et qu'il n'y avait pas spéculation là où les parties, ne tenant pas compte de leurs besoins respectifs, mais seulement des déboursés de l'une, procédaient, sur cette appréciation, à l'échange de leurs services ou de leurs produits.

Une personne cherche-t-elle, par son entremise, un émolulument qui sera la rémunération exacte de son service ? Il y aura spéculation. La même personne cherche-t-elle, par son entremise, à rendre un service, et ne demande-t-elle une rémunération que comme une indemnité ? Il n'y a pas spéculation.

Est-ce à la science des économistes qu'il faut faire honneur de la découverte de ces principes? assurément non. C'est faire tort à la science économique que de croire qu'elle ait rien découvert; science d'observation, elle s'applique à l'étude des faits, et les faits qu'elle étudie, sont vieux comme la société humaine. Faut-il croire qu'ils n'aient jamais été étudiés, analysés? Faut-il supposer que quelques esprits, au siècle dernier, aient pour la première fois étudié les faits, dont l'examen constitue la science économique? non assurément. Les jurisconsultes romains en particulier, si ingénieux, si habiles dans l'analyse des rapports sociaux, avaient sur certains points saisi les plus délicats principes; et les jurisconsultes du moyen âge, formés à l'école du droit romain, ne manquèrent ni d'observer les mêmes principes, ni de les mettre parfaitement en lumière. Il faudrait se défier d'une vérité qui serait nouvelle. Les anciens avaient eu la vue très-nette de ces idées.

Dans l'appréciation de deux choses, de deux faits, de deux services, qu'il s'agissait d'échanger, les parties tenaient-elles compte de leurs besoins? le vendeur spéculait-il sur le besoin que l'acheteur avait de la chose, l'acheteur sur le besoin qu'avait le vendeur de se défaire de la chose? Dans ce cas, les anciens disaient qu'il y avait *merces*.

Au contraire, dans l'appréciation de deux choses, de deux faits, de deux services, qu'il s'agissait d'échanger, les parties, tenaient-elles compte d'une autre considération que celles de leurs besoins respectifs? Le vendeur ne *spéculait-il* pas sur les besoins de l'acheteur, l'acheteur sur les besoins du vendeur? Dans ce cas, les anciens disaient qu'il n'y avait pas *merces*, mais *munus*; il n'y avait pas *lucri spes*, mais *officium*. Ce que l'acheteur remettait au vendeur dans ce cas, c'était le *salarium*, l'*honos*, l'*honorarium*, la *remuneratio*. Il y a dans Pothier un passage remarquable, où cette distinction est parfaitement indiquée. « Observez, dit-il, la différence entre les récompenses et le loyer d'un service. Lorsque j'ai payé ce loyer, je suis entièrement quitte envers celui qui me l'a rendu; je ne lui dois ni remercîments ni reconnaissance. Mais lorsque j'ai payé la récompense qui est due par l'usage, pour des services qui dépendent d'une profession libérale, tels que sont ceux d'un médecin, cette récompense que j'ai payée n'étant pas le prix de ces services qui sont inestimables, elle ne m'acquitte pas envers celui qui me les a rendus, de la reconnaissance que je lui dois pour ces services. On peut aussi devoir de la reconnaissance à des personnes qui nous ont rendu des services appréciables à prix d'argent, dont nous avons payé le loyer : tels sont ceux qui nous ont été rendus par des domestiques et des serviteurs qui sont demeurés longtemps à notre service ; mais la reconnaissance qui est due à ces personnes, ne leur est pas tant due pour les services que pour l'affection, avec laquelle elles nous les ont rendus, et pour l'attachement qu'elles ont témoigné avoir pour notre personne ; au lieu que la reconnaissance que je dois à un médecin, ou autre semblable personne est due pour leurs services considérés en eux-mêmes, *in se*, lesquels ne peuvent être censés payés par la récompense ordinaire que j'ai donnée, cette récompense n'étant pas le prix des services qui sont de leur nature inestimables.»

Cette distinction est-elle demeurée purement théorique ? non sans doute.

Elle a servi à la distinction même d'un contrat. On sait qu'il y a dans le code deux contrats : le louage de services et le mandat, qui ont souvent entre eux de grandes analogies. En quoi diffèrent ces deux contrats ?

Cette question a été entre les jurisconsultes l'objet d'une fort vive controverse.

La difficulté est venue selon nous de ce qu'on a cherché les caractères du contrat en dehors de la volonté même des parties contractantes. Les contrats ne diffèrent entre eux que, parce que les intentions des parties qui les ont passés, ont été différentes selon que ces parties voulaient faire une vente, ou un louage, ou une ouverture de crédit, ou tout autre contrat. L'intention des parties, la manière d'être de la volonté ;

c'est le fond, c'est l'essence des contrats ; c'est dans l'étude de cette volonté, dans l'analyse attentive de ces intentions qu'il faut chercher les caractères des contrats; par delà, il n'y a que doutes, incertitudes, confusions et controverses.

Appliquant cette idée, on trouve que la volonté des parties dans tout contrat tient compte de deux choses, s'exerce sur un double objet; ce que chacune des parties consent à aliéner au profit de l'autre par la convention; et, en second lieu, ce que chacune des parties entend recevoir en échange de l'autre ; Il y a là deux éléments distincts.

C'est en considérant le premier, qu'on décide si le contrat est une vente, un louage, un nantissement, une constitution d'hypothèque, etc. Cette idée est très-facile à entendre, et il n'y a pas besoin d'y insister.

C'est en considérant le second élément qu'on décide si le contrat est une donation, une vente, un échange, un louage, un prêt, un mandat. Cette idée est un peu moins claire que la précédente.

Un exemple la fera entendre. Une personne s'engage à transférer à une autre la propriété d'un cheval. Y a-t-il donation? Y a-t-il vente? Il faut examiner ce que la personne qui prend l'engagement entend recevoir. Entend-elle recevoir une somme d'argent représentant la valeur de cette propriété? Ce sera une vente. Entend-elle recevoir seulement l'avantage de la reconnaissance de la personne à qui elle transférera la propriété ? Ce sera une donation. Entend-elle recevoir des arrérages? ce sera une constitution de rente.

Le principe étant entendu par cet exemple, il s'agit d'en faire l'application au contrat de louage et de mandat.

Qu'est-ce qu'entend recevoir celui qui loue ses services ? il entend recevoir le plus possible ; il évalue ses services non sur sa peine, mais sur le besoin qu'a de ses services celui qui les emploie. Ce point n'est pas douteux; il est d'une observation constante.

Qu'est-ce qu'entend recevoir celui qui accepte un mandat? il entend recevoir une rémunération ; il évalue ses services non sur le besoin qu'en a la personne qui les réclame, mais sur la peine, l'effort, la dépense que la prestation de ses services lui a causé. Ce point est encore certain.

Pour discerner si dans une convention il y a mandat ou louage de services, à quel signe faut-il s'attacher? à la nature non de l'engagement, mais à la nature de la stipulation de celui qui engage ses services.

Chose curieuse! la science économique, les Jurisconsultes de tous les temps, les gens les plus étrangers à la science sont d'accord pour reconnaître qu'il existe dans la langue de tous les peuples, deux expressions différentes, selon que le stipulant a en vue un avantage calculé sur les besoins de celui qui lui réclame un service, ou qu'il a en vue un avantage calculé sur les dépenses de forces, d'argent, de temps que la prestation de ce service lui cause ; les latins opposaient *merces* à *munus*, et en français on oppose la récompense, l'honoraire, au loyer, au prix. Les habitudes du langage sont ainsi les premiers et les plus naturels témoins d'un fait dont l'observation est en quelque sorte indépendante de la volonté.

Mais les expressions ne sont que la forme; et c'est au fond qu'il faut regarder. Ainsi un contrat ne sera pas un mandat, ou un louage de service, selon que la personne qui engagera ses services aura stipulé des honoraires, ou un prix, un loyer. Les mots ne sont que des indications qui pourraient quelque fois tromper ; un contrat serait un mandat si la personne tout en stipulant un loyer, un prix ne calculait ce loyer que sur ses peines ; et serait un louage, si la personne tout en ne stipulant qu'un honoraire le fixait en ne tenant compte que du besoin qu'on aurait de ses services.

Ces idées ne se présentent pas sans heurter des opinions dont quelques unes sont fort accréditées.

La première que nous entendions combattre ici est celle de M. Duvergier. Dans le système du savant professeur, c'est dans la nature des services eux-mêmes qu'il faut chercher le caractère du contrat. « Il y a mandat toutes les fois qu'une personne accepte pouvoir de faire un acte juridique tel qu'une vente, un achat, un emprunt pour une autre personne qui l'a constitué son représentant au regard des tiers, c'est-à-dire qui l'a chargé d'agir et parler pour elle en son nom : que le service à rendre soit gratuit ou qu'il soit payé, qu'il soit moral ou pécuniaire, peu importe. Partout où ce pouvoir se rencontre, ce mandat existe ; à l'inverse partout où il fait défaut, il y a absence de mandat : la convention constitue alors un louage de service ou d'industrie, si un prix a été stipulé en retour du service à rendre, ou un contrat innommé dans l'hypothèse contraire Mourlon, 3me ex., p. 392). »

Ce système nous paraît contraire à l'esprit du législateur. D'après M. Duvergier quelleque soit la pensée de spéculation du mandataire, quelque salaire qu'il exige, il est mandataire, tandis que l'orateur du gouvernement disait expressément que la rétribution autorisée dans l'intérêt du mandataire est moins un lucre qu'une indemnité (Berlier, Fenet, t. 14, p. 584).

La seconde opinion que nous entendons combattre est beaucoup moins juridique que la première. Elle cherche le caractère du mandat dans la nature de la situation, de la carrière, de la profession du mandataire et fait revivre la vieille distinction entre les professions libérales et celles qui ne le sont pas. C'est du reste l'erreur de Merlin. « Comment distinguer les travaux dont le prix est compatible avec l'essence du mandat, d'avec les travaux qui se font en vertu d'un contrat de louage ? Par la nature même de ces travaux, ou plutôt de l'art dont ils dépendent ; dépendent-ils d'un art mécanique, il y a contrat de louage entre celui qui les commande et celui qui les fait, dépendent-ils d'un art libéral, celui qui les commande et celut qui les fait ne sont liés l'un envers l'autre que par un contrat de mandat (*Repert. verbo Notaire*, 101, § 4).

Selon M. Pont la distinction entre les arts mécaniques, et les arts libéraux, n'eut sa raison d'être dans la France féodale aussi bien qu'à Rome que dans l'inégalité dans les personnes et dans les biens (Pont, *Explication du Code Napoléon*. art 1984 p. 414 n° 825). Que l'inégalité dans les personnes, et dans les biens, inégalité qui était la base de la constitution, y ait amené les Jurisconsultes romains et ceux de l'ancienne France, nous le comprenons à merveille ; mais en présence de cette égalité parfaite que les institutions modernes se sont proposé d'établir entre ces personnes, la distinction ne peut apparaître que comme une dispute de mots élevée dans un pur interrêt d'amour-propre, (voir *Revue de Droit fr. et étranger*, 1848, p. 53, art. de M. Pont.)

Un dernier point est nécessaire pour compléter notre idée, et prévenir une objection. C'est, suivant nous, dans l'intention des parties qu'il faut chercher le caractère du contrat ; mais comment discerner cette intention. Le mandataire n'a-t-il entendu recevoir de rémunération que sur le pied des peines qu'il prendrait, n'a-t-il, dans aucune mesure, spéculé sur le besoin que le mandant avait de ses services ? Comment le juge pénétrera-t-il dans ce secret des volontés pour y résoudre cette délicate question ?

C'est ici que l'utilité des présomptions apparait : et c'est ici qu'il faut dégager l'idée juste qui est au fond du système de M. Duvergier, et du système de M. Troplong.

En effet, s'agira-t-il d'une promesse de services faite par un avocat, par un médecin ? il y aura assurément une forte présomption en faveur du mandat. « Il y a dans chaque profession un esprit dominant qu'il faut considérer. Cet esprit est leur vie, et la règle de leur rang et de leur influence ; c'est par lui qu'il faut juger de l'estime et de la considération dont ils sont dignes. Il y a quelquefois des individus qui s'en écartent ; il n'importe : l'esprit d'une profession est quelque chose de trop puissant par sa généralité même, pour être affecté de quelques exceptions. On dit que le prêtre vit de l'autel. Oui ! mais il vit encore plus de foi et de piété. Quand un prédicateur éloquent va prêcher la parole de Dieu dans un diocèse où l'appellent les fidèles, ce n'est pas de l'argent qu'il va gagner ! il marche animé d'un saint zèle ; l'esprit chrétien le conduit et le soutient ; il remplit un apostolat. La chaire du professeur est aussi une tribune d'où partent ces premières directions qui ont sur la destinée de la jeunesse une si grande influence...

Je conviens avec vous que lorsqu'une affaire vient trouver l'avocat, il n'est peut-être pas indifférent à l'espoir de l'honoraire qui récompensera son travail ; mais suivez-le dans son cabinet, quand il étudie sa cause ; allez surtout l'entendre à l'audience quand il plaide. Voyez-le s'identifier avec l'idée de son client, s'enflammer et s'irriter pour elle ; glorieux s'il est vainqueur, triste et découragé s'il est vaincu. Ah, est-ce donc l'amour du gain qui cause ces émotions ? non c'est la sympathie : vous avez deviné l'homme avant l'audience, depuis vous avez trouvé l'avocat, c'est-à-dire l'homme élevé, ennobli par l'esprit de sa profession. Que dirai-je enfin du médecin ? N'y a-t-il pas de l'amour de l'humanité dans cet art, qui vient s'associer à toutes nos douleurs et lutter contre la destruction ? » Troplong (*du louage*, p. 259, t. 2). Ces idées si brillamment exprimées sont justes si l'on en conclut qu'il y a dans les agissements du médecin, du professeur, de l'avocat, une présomption favorable au mandat. Entendue avec cette mesure, il est très-vrai que la distinction des professions libérales et de celles qui ne le sont pas, peut avoir son intérêt dans la solution de la question qui nous occupe. L'erreur de M. Troplong est de faire dépendre de cette distinction la distinction entre le mandat et le louage de services ; c'est, ainsi que nous l'avons montré, aller beaucoup trop loin.

En résumé, le mandataire ne spécule jamais, et c'est en cela qu'il diffère de celui qui loue ses services.

Mais la conséquence, en ce qui concerne la matière qui nous occupe, est manifeste : du moment que dans le fait du mandataire il n'y a pas de spéculation, il ne peut y avoir de commerce. L'entremise existe bien dans beaucoup de cas, mais l'entremise seule ne suffit pas pour qu'il y ait acte de commerce.

Il vient d'être établi : 1° que les conventions étaient tantôt des opérations de spéculation, tantôt des opérations d'un autre ordre, et, pour nous servir d'une expression de l'école, des opérations de bienfaisance : 2° que cette distinction était le principe sur lequel reposait la différence entre le louage de service et le mandat ; 3° que de cette distinction résultait que les agissements d'un mandataire ne pouvaient constituer un acte de commerce.

Cette première démonstration n'est pour ainsi dire qu'un préambule.

Il faut maintenant établir que la distinction qui sépare le mandat du louage sépare également le mandat du courtage et de la commission. C'est précisément là l'objection. Pourquoi l'agissement du courtier et du commissionnaire est-il un acte de commerce, quand l'agissement du mandataire ne peut être un acte de commerce?

Examinons d'abord la différence entre le mandat et la commission.

Il y a un fait curieux : le code Civil renferme un titre du mandat ; le code de Commerce un titre de la commission. De très-grandes analogies apparaissent, au premier abord, entre ces deux contrats ; quelle est la différence qui les sépare absolument? Quelle est la différence qui les sépare au point de vue de la matière dont nous nous occupons? La commission est-elle de soi un acte de commerce? N'est-elle qu'accidentellement un acte de commerce?

Parmi ces questions, la première est celle-ci : quelle est la différence absolue entre la commission et le mandat?

Si l'on rapproche la définition du mandat que donne l'article 1984 du code civil de la définition du commissionnaire que donne l'article 91 du code de commerce, une distinction frappe tout d'abord l'esprit. Le mandataire, d'après l'art. 1984, agit au nom de son mandat ; « le mandat, dit cet article 1984, est un acte par lequel une personne donne à une autre le pouvoir de faire quelque chose pour le mandant et en son nom. » Le commissionnaire, au contraire, « est celui qui agit en son propre nom, ou sous un nom social, pour le compte d'un commettant » ; ce sont les termes même de l'article 91. Il semble d'abord que cette différence soit essentielle.

On explique cette différence : le mandataire agissant non en son nom mais au nom du mandant, les tiers qui traitent, doivent se renseigner sur la solvabilité du mandant ; avant de suivre la foi d'une personne, il est très-naturel que l'on sache à quoi s'en tenir sur les ressources, le crédit de cette personne ; l'intérêt des tiers est donc de discuter le mandant avant de conclure avec le mandataire. Il peut y avoir des affaires dans lesquelles le mandant ne voudrait pas être connu ; le secret, duquel dépend souvent le succès d'une opération, n'est pas possible si les tiers, ayant intérêt à connaître le mandant, puisent dans leur intérêt même le droit de demander au mandataire le nom du mandant. Le mandat a donc cet inconvénient qu'il ne peut servir dans des opérations où le mandant désire demeurer caché. Il y a un autre inconvénient : c'est que le temps, et un temps précieux dans les affaires, se passe quand les tiers ont à se renseigner non-seulement sur les pouvoirs du mandataire avec la personne duquel ils traitent, mais sur les ressources du mandant, sur la foi duquel ils agissent.

Fallait-il bouleverser les principes du mandat et déclarer que le mandataire pouvait agir en son propre nom et couvrir la personnalité du montant sous la sienne ! Non, c'eût été contraire aux idées généralement reçues sur le mandat, et loin de modifier ces idées, l'article 1984 du code les a consacrées. Il y avait un autre moyen, c'était de créer, à côté du mandat, un contrat analogue par beaucoup de points, mais qui permit au mandataire de traiter les affaires en son nom, sans qu'il eut à exposer, sans que les tiers eussent à rechercher la personne du mandant ; ce contrat, c'est la commission : il a été placé dans le code de commerce parceque c'est toujours dans les affaires commerciales que l'on recherche ces deux avantages, que le mandat ne présentait pas, la célerité et le secret.

Ces idées ont, il faut le dire, le caractère, l'apparence d'être parfaitement justes ; elles ne le sont pas. Leur fondement, en effet, est que le mandataire n'agit jamais en son nom, et le commissionnaire jamais au nom du commettant : or c'est ce fondement qu'il est facile d'ébranler. Au titre du mandat, l'art. 1984 suppose il est vrai que le mandataire ne traite jamais qu'au nom du mandant, mais l'art 1997 *in fine* renverse cette supposition ;

« cet article, dit M. Troplong, prouve par un argument *a contrario* invincible que le code civil reconnaît et admet des mandataires qui ne donnent pas connaissance de leur mandat. Il n'y a pas de plus grande erreur que de croire le contraire. » (*Mandat*, p. 494, n° 521.) — En second lieu, et pour ce qui concerne la commission, il est vrai que l'art. 94 suppose que le commissionnaire agit toujours en son nom, mais l'art. 95 renverse cette supposition en conservant le nom de commissionnaire à celui qui agit pour le compte du commettant.

Une autre distinction est proposée d'après laquelle il y a mandat, lorsque l'opération confiée au mandataire est civile, et il y a commission lorsque l'opération confiée est commerciale. Cette opinion repose sur l'observation d'une circonstance qui paraît décisive ; c'est au code civil que se trouve placé le titre relatif au mandat, c'est dans le code de commerce que se trouve placé le titre relatif à la commission.

Ce système, quelque grave que soit l'autorité sur laquelle il repose, me paraît pouvoir donner lieu à plusieurs objections. Il tire le caractère essentiel du contrat d'une circonstance extrinsèque, accessoire ; il n'y a dans notre législation qu'un exemple d'un contrat dont la nature se détermine par la nature des choses auxquelles il s'applique, des personnes entre lesquelles il intervient : c'est en général dans la volonté des parties, qu'il faut chercher les caractères substantiels des contrats. On agit autrement dans le système que nous combattons ; on ne tient pas compte de la volonté du commissionnaire, ou du mandataire, on tient compte de la nature seulement des opérations à l'occasion desquelles le mandataire ou la commission intervient.

Il peut en résulter une bizarrerie inadmissible : l'une des parties, celle à laquelle l'agissement est confié, peut ignorer si elle est commissionnaire ou mandataire. Pierre qui habite Marseille, charge Jean, qui habite Paris, de lui acheter une machine à vapeur. Est-ce pour la revendre ? est-ce pour établir cette machine dans une usine que Pierre fonde à Marseille ?

Pierre le sait, mais Jean n'en sait rien ; il se peut qu'il accomplisse l'achat sans en rien savoir, de telle sorte qu'il sera commissionnaire sans s'en douter, et mandataire sans le vouloir. Ce bizarre résultat ne nous paraît pas admissible.

Il nous paraît, quant à nous, que c'est dans la volonté des parties, non pas de l'une seulement, mais des deux qu'il faut chercher les éléments essentiels propres à caractériser le contrat. Cette méthode a évidemment l'avantage d'être plus conforme à l'esprit général de nos lois,

Mais quel sera, dans la volonté des parties, le point à rechercher pour en faire dépendre le caractère du contrat ?

C'est ici qu'il faut, suivant nous, avoir recours aux idées exposées plus haut, à la distinction entre le bénéfice appréciable et le bénéfice inappréciable en argent ; entre le bénéfice brut et le bénéfice net, à la définition de la spéculation.

L'intermédiaire apporte-t-il, dans l'engagement dont il se charge, une pensée de spéculation ? compte-t-il sur un bénéfice, un gain, un profit ? dans ce cas il y a commission.

L'intermédiaire, au contraire, ne veut-il, en prenant l'engagement que rendre un service, sauf si la prestation de ce service lui causait un préjudice, un déboursé, à s'en faire indemniser ? dans ce cas il y a mandat.

Dira-t-on qu'il est très-difficile de pénétrer ainsi dans les intentions pour en connaître la portée ? Il faut répondre que c'est une difficulté que l'on rencontre dans la détermination de tous les contrats. N'est-il pas fort difficile de distinguer quelquefois le mandat lui-même de la société, la société de la vente, du louage, du prêt. Il y a d'ailleurs pour discerner la valeur exacte des intentions des parties des présomptions, et c'est ici que notre opinion se rattache tout à la fois à celle de MM. Delamarre et Lepoitvin, et à celle de M. Pardessus.

Il est manifeste que lorsqu'il s'agira d'opérations commerciales, on supposera très-facilement que l'intermédiaire avait l'intention, non de rendre un service, mais de faire une affaire que la personne, pour laquelle il agissait, avait l'intention de le payer et de le traiter comme on traite ceux dont on reçoit un service payé, et non de leur demander un acte d'obligeance. La commercialité des opérations sera une présomption au moyen de laquelle le juge sera porté à reconnaître dans l'entremise une commission plutôt qu'un mandat.

Il n'est pas moins manifeste, que si l'intermédiaire, en contractant en son propre nom, a consenti à engager sa responsabilité, à courir des risques, à se compromettre, on devra supposer qu'il avait pour agir ainsi, plus qu'un intérêt d'affection, mais un véritable intérêt d'argent, et qu'il spéculait sur le besoin qu'on avait de ses services. Si au contraire l'intermédiaire n'a pas engagé son nom, s'il a toujours agi en se couvrant de celui pour lequel il agissait, dans ce cas la présomption est contraire; elle porte à supposer que l'intermédiaire a agi par obligeance, qu'il s'est regardé comme mandataire.

On voit la part que nous faisons aux idées de MM. Delamarre et Lepoitvin d'un côté, de M. Duvergier d'un autre côté. La commercialité des opérations, l'engagement personnel de l'intermédiaire sont des éléments dont il faut tenir compte; ce sont des présomptions; ce sont des caractères ordinaires du contrat; c'est en cela et par là que notre opinion se rapproche de celle des auteurs éminents; mais ni la commercialité des opérations, ni l'engagement personnel de l'intermédiaire ne sont des éléments essentiels, ne constituent la substance de la commission, ne sont des présomptions absolues.

Ces idées exposées, il est facile d'indiquer la différence entre le mandat et la commission au point de vue spécial de la matière qui nous occupe. L'entremise du mandataire ne peut constituer un acte de commerce, et au contraire toute commission renferme un acte de commerce.

Cette idée n'est pas admise par M. Troplong : il décide de la manière la plus formelle, que le commissionnaire est un mandataire ; et il se fonde sur ce que le commissionnaire ne ferait pas réellement un acte de spéculation dans l'accomplissement de sa commission. « La rétribution du commissionnaire, dit
« M. Troplong, est plutôt une indemnité et un honoraire qu'un

« prix équivalent à ce qui a été donné *du mandat*, p. 257,
« n° 240. » Sans entrer dans l'examen des motifs, sur lesquels
M. Troplong fonde son opinion, veut-on tout d'abord en saisir
une réfutation péremptoire?

Si les droits de commission étaient des honoraires de mandat, ils seraient réductibles par les tribunaux en vertu de l'art. 1986 du code civil. Or, il est constant que les droits de commission, les salaires dus au commissionnaire par son commettant, ne sont fixés par la justice, d'après les usages du commerce, qu'en l'absence de convention des parties sur ce point. (Voir Dalloz. *Commission* 83. — 9 février 1852, de Colmar D. P. 55, 257.)

M. Pont (du *Mandat*, explication du code Napoléon, p. 404) énumère jusqu'à 7 significations du mot mandat : « Dans un premier sens, dit-il, qui est celui, où les rédacteurs du code l'employent dans la rubrique et dans plusieurs dispositions du titre XIII du livre XII, le mandat signifie le contrat intervenant entre celui qui charge une personne d'agir en son nom et celui qui a accepté cette proposition ; c'est l'acception la plus juridique, et si la langue était bien faite et assez riche, ce devrait être la seule. Toutes les autres s'y rattachent d'une manière plus ou moins éloignée. — Le mandat désigne aussi dans un sens plus large, non-seulement le contrat civil, réglé par les art. 1984 et 2010 du code Napoléon, mais encore le contrat commercial de commission régi par les art. 91 et suivants du code de commerce. — Nous éviterons de l'employer dans cette acception, propre à jeter de la confusion dans les idées, et nous mettrons nos soins à distinguer toujours ces deux contrats. »

Reste à examiner la question du courtage. Les faits du courtier sont-ils des faits de commerce? En quoi diffèrent-ils des faits du mandataire?

Le courtier est un agent intermédiaire; la loi le définit ainsi dans l'art. 74 du code de commerce; sa fonction est de mettre les parties en rapport, de les rapprocher, d'être le médiateur de la négociation. Ces fonctions sont rétribuées de droit; elles sont lucratives et remplies dans une pensée de spéculation, non de bienfaisance. Le courtage renferme les deux éléments de l'acte de commerce ; l'entremise et la spéculation. Une opération de courtage est donc par la nature des choses un acte de commerce.

Ce n'est pas l'opinion de tous les auteurs.

« L'entremise du courtier, disent MM. Delamarre et Lepoitvin, n'est point en réalité un acte de commerce ; elle ne l'est que par assimilation, et uniquement en tant que *moyen* de procurer et de faciliter les échanges de valeurs » (*De la Commission*, t. 1er, p. 24). Cette opinion ne nous paraît pas fondée. Que manque-t-il au courtage pour constituer un acte de commerce ?

Ce n'est assurément pas l'entremise ; le code lui-même qualifie le courtier d'agent intermédiaire. Serait-ce la spéculation ? C'est l'idée de certains auteurs que le courtier ne fait pas acte de spéculation, qu'il n'y a pas recherche d'un lucre dans les agissements du courtier. C'est en particulier l'opinion de M. Troplong. Il se fonde sur différents motifs. Il remarque : 1° que l'honoraire du courtier est modique eu égard à la probité, à la discrétion, à la prudence et à l'habileté qu'on exige de cette profession si utile dans le commerce. Cette idée est juste ; mais la modicité du bénéfice ne lui enlève pas son caractère ; le marchand en détail qui gagne quelques centimes sur chacun des articles qu'il a achetés en gros et qu'il revend fait acte de commerce, quoique son bénéfice sur chacune des opérations soit extrêmement modique. La Compagnie des omnibus de Paris fait des opérations extrêmement lucratives, quoique le prix qu'elle demande pour ses transports soit relativement peu élevé. Il n'y a donc rien à conclure de la modicité des prix.

La seconde remarque de M. Troplong est celle-ci : il est défendu aux courtiers d'exiger un salaire plus considérable que celui qui est réglé par la coutume du lieu. Or puisque le courtage reste toujours sous la dépendance du cours de la place, que les tribunaux ont le droit de l'y ramener, et qu'il ne dépend pas des courtiers de le fixer à leur gré au-delà de la légère prime d'usage, il s'ensuit que ce salaire ne saurait être classé dans ce qu'on appelle prix de louage, lequel ne dépend que de la volonté des parties, toujours maitresses de l'élever aussi haut qu'il leur plaît. Ici encore l'observation de M. Troplong est juste en elle-même ; mais elle n'a pas la conséquence que le jurisconsulte prétend en faire découler. Il est indispensable que des fonctions dont l'exercice est un privilége, ne soient pas rémunérées selon la volonté des privilégiés. L'administration en concédant à des Compagnies de chemin de fer le droit de transporter les voyageurs, fixe par des tarifs le prix des transports ; mais de ce que dans ce cas le salaire ne peut être élevé selon la volonté des parties, il ne s'ensuit pas que le service soit rendu dans une vue désintéressée. Le courtier qui ne peut stipuler pour son courtage que la commission d'usage, n'en fait pas moins un acte de commerce aussi bien que la Compagnie de chemins de fer qui ne peut stipuler pour le transport des marchandises ou des voyageurs que le tarif fixé par l'administration : qu'on le remarque bien ! Si l'exercice des fonctions de courtiers devenait libre, il s'ensuivrait que les tribunaux n'auraient pas le droit de ramener les droits perçus par les courtiers au cours de la place. Ils ne puisent pas en effet ce droit dans la circonstance que le courtage serait un mandat, et sur l'article 1986 du code Civil, mais ils se fondent sur le titre d'établissement des courtiers, et les tarifs arrêtés conformément à l'article 90 par des règlements d'administration publique.

Le troisième moyen sur lequel se fonde M. Troplong pour assimiler le courtier au mandataire, n'est pas meilleur que les deux précédents. Il paraît qu'en droit romain le courtier appelé *proxeneta* n'était pas assimilé au *locator operarum*, en ce sens qu'il n'avait pas l'action *conducti*, mais la persécution extraordinaire devant le préteur ou le président de la province, de même que les avocats, les médecins, les professeurs (Ulpien, lois 1 et 2, § 1, Dig., *de Proxenetico;* Cujas, XI, observ. 18 ; Wissembach, sur le titre du Digeste *de Proxeneticis*).

Cette considération ne nous touche pas ; que le proxénète

ne fut pas considéré comme *locator operarum*, que du moins il n'eut pas l'action « conducti, » il ne s'en suit pas qu'il fut mandataire, il est au contraire manifeste qu'il n'avait pas l'action de mandat.

Qu'un courtier puisse être mandataire, rien de plus simple; mais qu'un courtier soit par le fait même un mandataire, c'est ce que nous n'admettons pas, et aussi nous n'avons aucun embarras à décider qu'une opération de courtage soit un acte de commerce.

L'opération de courtage est essentiellement une opération d'entremise, et d'entremise commerciale, c'est-à-dire intéressée.

Il y a dans le domaine des faits juridiques un fait qui peut présenter de grandes analogies avec l'entremise commerciale. Nous voulons parler de la représentation. Primus donne à Secoudus mandat d'agir pour lui, de le représenter, de conclure des marchés à son compte. Secundus est le représentant de Primus, il y a là un fait de représentation.

Ce fait n'a aucun caractère commercial. Quand Primus vend directement à Tertius, il n'y a pas entremise; la circonstance d'un mandataire qui agit pour Primus, porte la parole de Primus et agit en son nom, ne change rien : ainsi Primus donne mandat à son fils de vendre son cheval à la foire. Le fils de Primus ne fait pas acte de commerce, cela est certain, il agit comme représentant. Mais que le fils de Primus, allant au marché, rencontre une personne qui lui dise : « Faites-moi avoir, pour tel prix, le cheval de votre père, et je vous paierai tant. » Si la proposition est acceptée par le fils de Primus, celui-ci fait acte de commerce, il agit comme intermédiaire.

Comment déterminer à quel moment, à quel point commence l'entremise ? à quel point finit la représentation.

La question s'est posée plusieurs fois devant les tribunaux. La maison Vivès, de Condom a un mandataire nommé Madaré, qui est chargé de la représenter à Amiens. Madaré a, dans son mandat, le pouvoir de vendre les vins de la maison Vivès. A l'effet d'accomplir son mandat, il se met en rapport avec les négociants d'Amiens, et il négocie des marchés : il vend des eaux-de-vie à l'un, des vins à l'autre. Fait-il acte de commerce ? opère-t-il un courtage?

Nullement : le mandataire comme Madaré, dans l'espèce, représente un seul intérêt, l'intérêt de la maison Vivès, stipule dans un seul intérêt, l'intérêt de la maison Vivès. Dans l'antagonisme qui s'élève entre l'intérêt de l'offre représentée par la maison Vivès, et l'intérêt de la demande représentée par les négociants d'Amiens, le mandataire Madaré agit au nom et pour le compte d'une des parties en conflit. Il est mandataire : il n'est pas intermédiaire dans le sens propre et rigoureux du mot. Le mandataire ne doit prendre en main qu'un intérêt, l'intérêt de son mandant, il représente le mandant : il doit vouloir ce qu'il veut, ne pas vouloir ce qu'il ne veut pas : il doit s'identifier avec la volonté de son mandant. L'intermédiaire au contraire ne doit s'identifier ni avec l'un, ni avec l'autre : il ne doit prendre plus spécialement ni l'intérêt du vendeur, ni l'intérêt de l'acheteur : il ne doit-être dévoué ni à l'un ni à l'autre, mais à tous deux et servir l'intérêt commun qui les rapproche. La Cour de cassation ch. criminelle, 13 janvier 1855, a décidé que le mandataire dans la situation de Madaré qui se serait renfermé dans l'exécution étroite de son mandat ne faisait point acte de courtage. (v. D. P. 1855, 1. 26) Mais le même Madaré fait-il le plus petit acte dans l'intérêt de l'acheteur de vins ? Écrit-il au mandant de baisser le prix d'une marchandise pour réparer une mauvaise livraison antérieure. Il y a entremise, il y a courtage. C'est la cour de cassation qui le décide (v. *même arrêt*).

Une distinction aussi délicate échappe à l'esprit : peut-on en imaginer une autre?

Les systèmes n'ont pas manqué pour découvrir entre la représentation et le courtage des différences plus significatives.

Premier système. — Les uns ont dit : « dans la représentation l'intermédiaire, le représentant est payé du service qu'il rend par l'une des parties ; dans le courtage, le courtier se fait payer par l'une et par l'autre : et cette circonstance constitue la différence. »

Nous n'admettons pas ce système : la circonstance relevée est tout-à-fait fortuite et indifférente. En résultat définitif, l'entremise de toute personne qui rapproche l'offre de la demande est rénumérée par la demande. Qui fera l'avance? sera ce l'offre? peu importe, une circonstance aussi fortuite ne peut différencier deux faits.

DEUXIÈME SYSTÈME. — « Dans la représentation le représentant ne peut représenter qu'une personne ; dans le courtage, le courtier sert d'intermédiaire à plusieurs personnes. »

Nous répondons que cette distinction serait utile s'il s'agissait de savoir si la représentation attribue la qualité de commerçant au représentant, si le courtage attribue la qualité de commerçant au courtier : mais la question n'est pas là, elle est : pourquoi la représentation n'est pas un fait de commerce quand le courtage est un fait de commerce.

La difficulté de résoudre la question serait extrême; elle cesse si on se reporte aux idées indiquées plus haut par nous.

Le représentant est celui qui sert d'intermédiaire entre le représenté et les tiers sans avoir d'intérêt aux entremises qu'il accomplit. Le courtier est celui qui a un intérêt dans les entremises pour la réalisation desquelles on a recours à son intervention ; au cas de représentation, la spéculation ne porte pas sur l'entremise.

Ce qui entraine l'esprit à confondre la représentation et le courtage, c'est que la représentation est une fait d'entremise, et que cette entremise a pour objet un bénéfice de telle nature qu'il s'en faut souvent de fort peu qu'il n'y ait à la fois entremise et spéculation. En droit la distinction est facile à établir : en fait elle l'est pas.

Nous ne pouvons quitter la matière de la représentation, de la préposition sans résoudre une des plus grandes difficultés de notre travail.

Quand une personne donne à un préposé charge de faire

une opération commerciale, l'acte de commerce, est-il fait par le préposant, par le préposé, ou par tous les deux ?

Les recueils d'arrêts fournisent un exemple.

M. G..., peintre de marine, a une maison à Saint-Germain, sur la terrasse; il y établit un restaurant. Il y prépose un nommé Maillard. Maillard fait des dettes pour la fourniture de ce restaurant : il loue des meubles à un tapissier pour les sous-louer aux « consommateurs. »

Maillard fait-il acte de commerce ?

Nous répondons sans hésiter négativement.

Maillard a-t-il agi au nom de M. G... ? Il n'a été en réalité que l'instrument, le véhicule; il n'a pas agi personnellement. Il n'a pas acheté; il n'a pas revendu; il n'a pas loué les meubles pour les revendre; c'est M. G... qui a fait ces choses. Maillard, lui, n'a fait qu'accomplir un mandat, et le fait d'accomplir un mandat n'est pas un acte de commerce, cela a été prouvé surabondamment plus haut.

Maillard a-t-il agi en son nom propre ? Sans doute, à l'égard de tous il a paru être personnellement en cause, mais il n'y a là qu'une apparence; dans la réalité des situations que Maillard ait agi au nom de son mandat ou en son nom propre, il a toujours agi pour le compte de M. G... C'est M. G... qui aura profité de la spéculation, si elle est heureuse, qui en subira les pertes, si elle est malheureuse.

Maillard ne fera donc acte de commerce ni dans un cas ni dans l'autre.

Une objection se présente cependant : ce sera devant le tribunal de commerce que Maillard sera traduit; l'art. 634 le décide ainsi.

Nous répondrons à cette objection par les termes mêmes de l'art. 634. — Cet article est ainsi conçu :

« Les tribunaux de commerce connaîtront également des « actions contre les facteurs, commis des marchands ou leurs « serviteurs pour le fait seulement du trafic du marchand auquel « ils sont attachés. » Qu'y a-t-il dans cet article ? une attribution de compétence; les engagements que les facteurs, commis et généralement les préposés, auront pu prendre à l'égard des tiers seront de la compétence des tribunaux de commerce, c'est là ce que dit très formellement l'art. 634, mais cet article dit-il que de pareils engagements constituent des faits de commerce? Nullement. — Il faut remarquer la rédaction des divers articles du titre qui nous occupe.

Art. 631. *Les tribunaux de commerce connaîtront* : 1° Des contestations relatives aux engagements etc. ; 2° Des contestations entre associés ; 3° De celles relatives aux actes de commerce entre toutes personnes.

Art. 632. *La loi répute acte de commerce, biens, achats,* etc.

Art. 634. *La loi répute pareillement acte de commerce* toute entreprise de construction.

Art. 634. *Les tribunaux de commerce connaîtront également des actions* contre les facteurs commis, des marchands, etc.

Il est impossible à la lecture de ces quatre articles de ne pas comprendre que les art. 631 et 634 soient relatifs à des questions de compétence, et les art. 632 et 633 à des questions plus générales, à la détermination des prescriptions au moyen desquelles la loi permet de reconnaître des actes de commerce.

Ainsi de ce que l'art. 634 attribue aux tribunaux de commerce, le jugement des contestations soulevées à l'occasion des engagements pris par les préposés, il ne s'ensuit en aucune façon que ces engagements soient des actes de commerce — au contraire, si ces engagements formaient des actes de commerce, l'article 634 n'aurait pas eu à les attribuer à la juridiction commerciale : cette attribution serait résultée de l'art. 631 et de l'art. 632.

Veut-on une autre preuve de notre idée ? Si les faits du préposé étaient des actes de commerce, ces faits se répétant, le préposé serait commerçant aux termes de l'art. 1 du code de commerce. Or peut-on soutenir un moment cette conséquence ? Cela est absolument et radicalement impossible. M. Pardessus, p. 77, n° 77, dit très-bien : « Il ne faut pas con-
« fondre la qualité commerciale dans un acte ou la qualité

« de commerçant dans une personne, avec l'attribution que la
« volonté du législateur peut faire à la juridiction commer-
« ciale des contestations qui résultent de certaines espèces
« d'engagements » et plus loin par application de cette idée il
ajoute : « des commis ou facteurs ne nous paraissent pas de-
« voir être rangés parmi les commerçants. »

Nous venons de voir que le préposé ne fait pas acte de commerce ; le préposant fait-il acte de commerce ? Dans l'espèce proposée, M. G... fait-il acte de commerce ?

Voilà assurément une des plus délicates questions.

Pour la résoudre, il faut procéder par analyse et suivant la méthode logique commencer par l'examen du fait connu.

La question si M. G... fait acte de commerce par son préposé a un premier intérêt que tout le monde saisit. S'il y a pour M. G... acte de commerce dans les agissements de son préposé, et que ces agissements se succèdent, il en résulte que M. G... fait une série d'actes de commerce ; il peut s'ensuivre qu'il soit commerçant d'après l'art. 1 du code de commerce.

Cette conséquence se présente-t-elle simplement ? Non, il faut faire une distinction. M. G... a un préposé. Ce préposé fait pour le compte de M. G... des actes de commerce. M. G... est-il censé faire ces actes de commerce de telle sorte qu'il soit commerçant ? La négative est certaine. L'art. 1 du code de commerce dit « que sont commerçants ceux qui exercent des actes de commerce et en font leur profession habituelle. » Sans doute dans le premier membre de phrase la loi ne dit « pas qui exercent par eux-mêmes des actes de commerce, » mais elle indique la même idée quand dans le second membre de phrase elle ajoute « et qui en font leur profession habituelle. » La profession, c'est la déclaration publique d'un état, d'une habitude ; faire profession de commerce, c'est officiellement, personnellement et publiquement s'afficher, se donner comme commerçant. L'usage, l'étymologie, la raison s'accordent pour déterminer l'idée que représente ce mot « profession. »

Il en résulte que celui pour le compte duquel les actes de commerce sont accomplis par un préposé ne peut être commerçant, parce que la profession manque. Ainsi une première question est résolue. La personne pour le compte de laquelle un préposé fait des actes de commerce n'est pas commerçante. C'est ainsi que selon nous, l'armateur, le propriétaire d'un vaisseau n'est pas commerçant, et ne devient pas commerçant par les agissement commerciaux du capitaine, son préposé! (Cassation, C. civ., 24 janvier 1862. D. P. 1842, 1, 97.

Cependant il faut de suite apporter une restriction, et une restriction importante au principe qui vient d'être établi. Si le préposé fait des actes de commerce pour le compte seulement du préposant, mais sans les faire en son nom, il est certain que le préposant ne peut être commerçant ; mais si le préposé fait les actes non-seulement pour le compte, mais au nom du préposant, la solution doit être complétement différente. En effet, celui pour le compte et au nom duquel le commerce se fait, celui-là est commerçant. Les chefs de certaines maisons de commerces sont assez étrangers aux affaires qui s'y traitent ; mais du moment que ces affaires sont traitées non-seulement pour leur compte, mais en leur nom, ils sont commerçants. Ces deux premiers points établis, il sera facile d'aborder un autre côté de la question. Le préposant peut-il être traduit devant le Tribunal de commerce et contraint par corps pour les faits de son préposé?

C'est en s'aidant de la même distinction qu'il faut répondre : le préposé a-t-il agi *proprio nomine*, c'est à lui, à lui seul, que les tiers peuvent s'adresser. Les tiers ne peuvent jamais s'adresser directement au préposant ; ce principe quelquefois méconnu (notamment dans un arrêt de la Cour de Paris, du 6 août 1850, affaire de Galiera. D. P. 1854, 5 483.), nous paraît certain. Le préposant ne pourra donc jamais être recherché, ni par conséquent jamais traduit devant le tribunal de commerce. Le préposé a-t-il au contraire agi au nom du préposant, celui-ci pourra être traduit devant le tribunal de commerce, et sera soumis à la contrainte par corps.

CHAPITRE VI

Derniers alinéas de l'article 632.

« La loi répute acte de commerce les opérations des banques publiques, toutes obligations entre négociants, marchands et banquiers. »

Ces alinéas de l'art. 632 sont assurément ceux qui renferment les plus grandes difficultés pour nous ; il semble que les principes que nous avons plus haut exposés viennent recevoir ici un démenti ; mais ce n'est là qu'une apparence, et si l'on pénètre avec attention dans l'étude du texte, on y voit des raisons sérieuses de maintenir les principes qu'il paraît d'abord contredire.

Il faut justifier cette idée et le plus simple pour arriver à cette justification, c'est d'établir comment les deux derniers alinéas de l'art. 632 ont été ajoutés aux premiers.

L'ordonnance de 1673 dans son titre XII, art. 2, établissant la compétence des juges-consuls s'exprimait ainsi, « les juges-
« consuls connaissent de tous billets de change faits entre né-
« gociants et marchands ou dont ils devront la valeur, et entre
« toutes personnes pour lettres de change ou remises d'argent
« faites de place en place. »

Il faut sur cette disposition faire trois remarques. La première est une remarque en quelque sorte philologique. La rédaction de cet art. 2 de l'ordonnance peut aujourd'hui paraître incorrecte, il faut remarquer qu'elle ne l'était pas : le mot *connaître* avait dans l'ancienne langue du droit la signification qu'il a conservée encore de nos jours ; l'Académie l'indique « connaitre signifie aussi *avoir autorité pour juger de certaines matières* » mais dans l'ancienne langue « il se construisait dans ce sens tantôt avec *de*, tantôt avec un équivalent ; » c'est encore le dictionnaire de l'académie qui nous l'apprend : ainsi on disait *Connaître des cas d'abus.* — *Connaître pour les cas d'abus*. Le rédacteur de l'ordonnance de 1673 se conformant à cette habitude de langage qui était celle du xviiᵉ siècle se sert dans la rédaction de l'art. 2 du mot *connaître* et construit ce mot successivement avec *de* et avec *pour*. « Les juges-consuls connaîtront, dit l'article, des billets de change.... et.... pour les lettres de change....

La seconde remarque relative à cet art. 2 tient au fond même. L'économie même, de cette disposition renfermait une distinction fort sage : il ne faut pas oublier que dans l'ancien droit la compétence sans être personnelle exclusivement, comme le crûrent à tort les rédacteurs du projet de code de commerce, était tout à la fois personnelle et réelle : personnelle en ce sens que les tribunaux de commerce étaient de règle générale compétents entre les commerçants, réelle en ce que les tribunaux de commerce n'étaient compétents entre les commerçants que pour le fait de la marchandise. « L'art. 2 de l'ordonnance quand dans le § 1 il déclarait que les juges et consuls connaîtraient de tous billets de change faits entre négociants et marchands » exprimait donc une pure application des principes généraux.

Mais, quoiqu'en général il n'y eut compétence des juges consulaires que pour les négociants, cependant on avoir chargé les tribunaux de commerce de connaître des contestations « entre toutes personnes pour lettre de change ou remise d'argent faite de place en place» C'est cette exception que l'art. 2 de l'ordonnance exprimait dans le § 2.

La troisième remarque a un intérêt historique.

Il résulte des art. 7 et 8 de l'édit rendu par le roi Louis XI en mars 1462 que le jugement des contestations relatives aux lettres de change était attribué au tribunal de la Conservation de Lyon, et depuis toutes les ordonnances relatives à la juridiction consulaire attribuèrent formellement à cette juridiction la connaissance des lettres de change. (Toubeau *Instituts de droit consulaire* livre II. titre VI. p. 587. — *Encyclopédie méthodique*. Vᵒ *lettres de changes*).

Ces trois remarques générales étant faites, il faut donner une explication sur une expression particulière : qu'entendait-on dans l'ordonnance de 1673 par billet de change.

Le billet de change ressemblait au billet à ordre et en différait.

Toubeau comparant les billets de change aux lettres de change disait : « les billets de change diffèrent des lettres en « ce que les lettres de change sont ordinairement payables « en un autre endroit qu'en celui ou elles sont tirées et par « un autre que celui qui les tire ; un billet est payable par ce- « lui qui le fait et ordinairement dans le lieu où il est fait : « très-souvent dans une lettre de change, il y entre quatre « personnes, et dans un billet de change il n'y en entre sou- « vent que deux, comme dans une obligation ou une promes- « se. » *Instit. de droit com.* livr. II. titre VII. chap. 1.

Jusqu'ici on voit que le billet à ordre et le billet de change se ressemblent.

La différence cependant était importante : « le billet de change devait être pour lettres de change fournies ou à fournir » (Toubeau, *Instituts de droit com.* livre II, titre VII, chap. 1.) Le caractère distinctif d'un billet de change est qu'il soit causé pour lettre de change fournie ou à fournir. « Tout billet qui a un autre objet n'a pas le privilége d'un billet de change. » (*Encyclopédie* V° *billets de change.*)

Quel était ce privilége du billet de change ?

Un privilége fort important : le billet de change était, en fait, productif d'intérêts.

« Celui qui passe un billet de change pour lettres fournies peut valablement s'obliger à payer, pour droit de change, jusqu'à concurrence de ce que les lettres gagnent sur l'argent dans le lieu où elles sont fournies. Au contraire, si le débiteur d'un billet à ordre s'oblige à payer, au-delà de la somme qu'il a reçue, l'excédent de cette somme est un intérêt usuraire qu'on doit imputer sur le principal. »

Pourquoi cette différence entre le billet pour lettres de change fournies ou à fournir et le billet ordinaire pour argent fourni ou à fournir? La raison est facile à reconnaître.

Les prohibitions contre l'usure avaient leur fondement dans cette idée que l'argent n'est pas productif de fruits, de revenus, et que celui qui a prêté 100 ne peut exiger 105, sous peine d'exiger plus qu'il n'a prêté; mais il n'en était plus de même si, au lieu de considérer de l'argent, on considérait des lettres de change. La valeur de celles-ci était variable ; une lettre de change gagnant en valeur à mesure que son échéance se rapproche. On avait donc pu, sans inconséquence apparente, admettre un intérêt dans les billets de change qui étaient toujours souscrits par lettres de change fournies ou à fournir, et n'en pas admettre dans les autres billets.

Quoiqu'il en soit, il était résulté de cette circonstance qu'on donnait, malgré les prescriptions rigoureuses de l'ordonnance, le caractère de billets de change à de simples billets à ordre, et que les billets de change avaient une grande faveur tandis que les billets à ordre en avaient fort peu.

C'est pour cette raison que l'art. 2 du titre XII parle des billets de change, d'une manière expresse.

Mais les termes de l'article ne s'appliquaient-ils pas implicitement aux billets à ordre? Les consuls n'eussent-ils pas été compétents à raison de billets à ordre entre marchands?

Toubeau pensait que les autres billets à ordre étaient indiqués par ces mots : *ou dont-ils devront la valeur.* « Je crois que l'esprit et le désir de cet article est que les juges et consuls connaissent entre marchands non-seulement des billets de change, mais même de tous autres « *dont ils devront la valeur :* » dans cette opinion, il fallait sous-entendre les mots « de tous autres billets » entre *ou* et *dont*.

Ce système n'était pas admis par Jousse.

« Il parait plus naturel de rapporter ces termes, *ou dont ils*
« *devront la valeur :* aux mots négociants et marchands qui
« précèdent immédiatement. Aussi le vrai sens de cet article
« est que les juges consuls peuvent connaître, non-seulement
« des billets de change entre marchands et négociants, c'est-
« à-dire entre celui qui a fourni le billet de change et celui

« à qui il a été fourni, mais encore toutes les fois qu'un
« négociant doit la valeur du billet de change v. g. quand il
« l'a endossé. »

(Jousse, *Commentaire de l'ordonnance*, titre XII, art. 2.)

Les rédacteurs du premier projet du Code de commerce du 7 frim. an X ne s'arrêtèrent pas aux distinctions essais étroits que renfermait sur ce point l'ordonnance de 1673.

L'art. 3 de leur projet portait : « sont réputés faits de com-
« merce toutes signatures données sur des lettres de change,
« billets à ordre ou à domicile. »

Cet article avait un premier défaut ; il pouvait donner lieu à une équivoque.

L'article assimilait aux lettres de change *les billets à ordre ou à domicile.*

Qu'était-ce dire ?

Pour que le billet fût un acte de commerce, fallait-il que le billet fût tout à la fois à ordre et à domicile ? Suffisait-il qu'il fût *à ordre* ou *à domicile* seulement ?

Les deux opinions pouvaient se soutenir.

Dans la première, il semblait que l'on dut sous-entendre le mot « billet » répété après le mot « ou, » et lire l'article comme s'il s'était terminé par ces mots : *billets à ordre ou* BILLETS *à domicile.*

Sans doute, contre cette interprétation, on pouvait dire : 1° que les ellipses ne se supposent pas, et que 2° d'ailleurs le législateur se fût servi de la préposition *et*, au lieu de ou, s'il avait voulu assimiler les billets à domicile aux billets à ordre ; comment admettre que le législateur eut voulu donner le caractère commercial à la signature d'un simple billet dépourvu de la clause *à ordre* et avec la seule clause qui l'ait rendu *à domicile.*

Mais en dehors de cette question de détail s'élevaient d'autres questions d'un ordre supérieur.

1° La souscription, la négociation, l'acceptation d'un billet à ordre, d'un billet au porteur, d'un billet à domicile, renfermaient-elles les éléments de l'acte de commerce ? C'était une question de théorie.

2° La souscription, la négociation, l'acceptation d'un billet à ordre, d'un billet au porteur, d'un billet à domicile devaient-être soumises à la juridiction consulaire.

3° La souscription, la négociation, l'acceptation d'un billet à ordre, d'un billet au porteur, d'un billet à domicile devaient-elles être soumises à la contrainte par corps.

Le système du projet résolvait affirmativement ces questions, que l'ordonnance de 1673 et la jurisprudence avaient auparavant résolues négativement.

De vives réclamations s'élevèrent contre cet article, et les opinions les plus divergentes se produisirent dans le sein des tribunaux d'appel, des tribunaux et des chambres de commerce appelés pour la délibération des consuls du 14 frimaire an X à faire connaître leurs observations sur le projet du nouveau code de commerce et ensuite dans le sein du conseil d'État.

La discussion ne porta vraiment pas sur la question si la souscription et la négociation d'un billet à ordre était un acte qui par sa nature fut acte de commerce : l'archi-chancelier dans la séance du 8 novembre 1806 ouvrant la discussion, posait ainsi les termes de la question : « Il s'agit de savoir si les billets à ordre doivent rendre justiciables des tribunaux de commerce, et sujets à la contrainte par corps tous ceux qui les souscrivent. »

La discussion ouverte sous les auspices de cette déclaration, porta donc uniquement sur la question si on donnerait à la souscription et à la négociation des billets l'effet, les effets des actes de commerce; mais quant à la nature intrinsèque de l'acte, a son caractère essentiel, la question ne fut pas abordée. — En vain M. Bérenger dans la séance du 11 novembre voulut-il ramener la question et la poser autrement que ne l'avait fait l'archi-chancelier. « La question qu'on agite, fit remarquer M. Bérenger, consiste à savoir si le billet à ordre entraînera la contrainte par corps, tandis qu'il faudrait examiner s'il est un fait de commerce. » — Cette observation ne changea pas le cours de la discussion.

Cette discussion fut une dernière rencontre entre deux opinions qui s'étaient déjà trouvées plusieurs fois en présence dans la confection de nos lois, l'une favorable, l'autre contraire à la contrainte par corps.

Les adversaires de la contrainte par corps avaient fait triompher l'influence de leur opinion dans la confection du titre XVI du livre III du code civil. — Les partisans de la contrainte par corps voulurent reprendre leur revanche dans la question des billets à ordre.

Toutes les fois qu'une question se lève qui touche par quelques points aux intérêts du crédit public ou particulier, on doit tenir compte de deux considérations.

Il faut : 1° que les citoyens puissent donner à leurs engagements les formes qui leur conviennent; que la liberté la plus grande soit laissée sur ce point; qu'ils puissent recourir aux actes publics, ou privés, aux billets à ordre, aux lettres de change, aux mandats, aux chèques. Plus les formes des effets de crédit sont variées, plus le choix entre ces effets est varié, et plus le crédit se développe. Il faut : 2° Que les effets de crédit soient facilement négociables, facilement transmissibles, et s'ils ne sont pas payés à l'échéance, qu'il existe pour le porteur de ces effets des moyens d'obtenir promptement une condamnation et ensuite de faire exécuter cette condamnation.

La première de ces deux conditions commande la multiplicité des effets de crédit — la seconde leur solidité. — Toute bonne loi en matière de crédit doit concilier ces deux exigences dont la portée est quelquefois contraire.

Ces principes que le bon sens suffit à indiquer, dominaient les esprits auxquels était confiée en 1806 la confection du code de commerce. — Mais comme il arrive toujours, chacun des esprits consultés se préoccupait davantage de l'une des deux considérations. Ceux-ci ne voyaient avant tout que la liberté de commerce, des transactions; ceux-là que sa sureté et que la solidité des effets mis en circulation pour les besoins des transactions,

Tout le monde était d'accord pour reconnaître que les effets de commerce étaient d'une utilité capitale. « Un effet qui est négociable, est dispensé de toutes formalités pour le transport, disait M. Jaubert dans la séance du 11 novembre, dont le tiers-porteur ne peut craindre de voir arrêter le payement par des oppositions ou des compensations personnelles aux endosseurs ; que, enfin, fait office de numéraire est un moyen bien actif pour les opérations de négoce, et une grande ressource pour les propriétaires. » — « La certitude d'avoir ses fonds à une époque fixe, sans embarras et sans frais, est un moyen nécessaire au commerce et au crédit, » ajoutait M. Bérenger.

Mais comment faire pour que ces effets de crédit se développassent en liberté, et offrissent cependant des garanties ? Si l'on attachait par exemple la contrainte aux effets, ils n'en vaudraient que mieux, mais aussi il y en aurait moins. Il était certain que plus on apporterait de garanties aux billets à ordre, plus ces billets offriraient de sécurité ; mais il était également certain que plus on imposerait de conditions à ces billets, plus leur nombre diminuerait. S'il est impossible de réunir les deux conditions, à laquelle donner la préférence ? Faut-il mieux qu'il y ait sur une place peu de valeurs de crédit, mais qu'elles soient excellentes, — ou qu'il y en ait beaucoup, mais qu'elles soient moins bien garanties ?

C'était là ce qui divisait les esprits dans la question des billets à ordre.

Les Tribunaux d'appel d'Angers, de Rouen, de Paris, de Poitiers, de Bordeaux et d'Aix, les Tribunaux de commerce de Châtillon, de Dijon, de Louhans, émirent des vœux favorables au système de l'ordonnance.

Dans ces tribunaux on préférait la liberté, la multiplicité des effets de commerce à leur solidité.

On établissait d'abord les avantages de ces effets, non-seulement entre négociants, mais aussi entre particuliers. « L'expérience prouve tous les jours, disait le tribunal d'appel de

Bordeaux, combien l'usage des billets à ordre procure de facilités aux propriétaires de fonds pour leurs affaires personnelles..... C'est la nature même de ce billet, c'est la facilité de le donner en payement, de le transmettre de main en main sans formalité, sans transport signifié, qui le fait circuler promptement et sans obstacles. »

« Les propriétaires, disait dans la même séance M. Réal font beaucoup de billets à ordre; ils payent ainsi les ouvriers, les entrepreneurs qu'ils ont employés; ces sortes d'effets aident le commerce et l'industrie.

Les avantages des billets à ordre étant établis, on soutenait que la disposition qui les soumettait à la juridiction consulaire et à la contrainte par corps les ferait disparaître. — La disposition qui devait soumettre à la contrainte par corps les endosseurs de billets à ordre détournerait beaucoup de particuliers non commerçants de souscrire de ces effets.

Rendre les souscripteurs de billets à ordre justiciables des tribunaux de commerce, les soumettre à la contrainte par corps, aurait un inconvénient, ce serait de priver les citoyens non commerçants de l'avantage de souscrire des billets à ordre. — Les particuliers craignant d'être soumis à cette juridiction et, par suite, exposés à la contrainte par corps, refuseraient absolument d'en faire usage.

Les billets à ordre et les billets à domicile, comme toutes les formes faciles servant à contracter les engagements et à les négocier, doivent être favorablement considérés par le législateur et protégés par la loi. Mais pour que les parties se servent du billet à ordre et du billet à domicile, il faut qu'elles puissent le faire sans crainte. Si, par simple recours à la forme du billet à ordre, le particulier sait qu'il fait acte de commerce, et qu'il s'expose à toutes les suites rigoureuses des actes de commerce, il se refusera à employer ce mode : « Les particuliers, disait le tribunal d'appel de Paris, qui, dans l'état actuel de la législation, n'hésitent pas à souscrire ces sortes de billets, ces particuliers, la loi rendue, craignant désormais d'être traduits en la juridiction commerciale et exposés, par suite, à la contrainte par corps, refuseront absolument d'en faire.

C'était la crainte du tribunal d'appel de Bordeaux. « Du moment où la négociation d'un billet à ordre, rangée dans la classe des faits de commerce, entraînera la contrainte par corps, ces sortes de billets n'auront presque jamais cours qu'entre des négociants. Tout particulier qui ne fait pas le commerce se refusera de prendre en payement un effet qu'il ne peut utiliser qu'en le livrant à la circulation et en le garantissant par sa signature. » C'était également l'avis de M. Réal. « Si les chances dangereuses et l'inquiétude naturelle à de simples citoyens non commerçants font disparaître entre eux les billets à ordre, qu'en résultera-t-il ? Qu'on aura retiré de la masse de la circulation un signe représentatif de valeurs immenses, et que les entraves imposées à l'agriculteur retomberont, par contrecoup, sur le commerce lui-même, » disait M. Berlier, dans la séance du 8 novembre 1806.

En général les tribunaux de commerce soutenaient des opinions contraires.

La crainte que les billets à ordre ne disparussent préoccupait le tribunal d'appel de Paris. La crainte qu'ils ne se multipliassent à l'excès, préoccupait au contraire le tribunal de commerce de Chatillon.

« Aussitôt, disait le tribunal de commerce de Chatillon, que la loi aura proclamé que les billets à ordre souscrits entre toutes personnes indistinctement jouiront des avantages du commerce pour le taux de l'intérêt, pour la négociation et pour la promptitude dans les formes du recouvrement, le capitaliste ne prêtera, le marchand ne fournira, et l'artisan ne travaillera que sur billets à ordre. L'emprunteur est toujours dominé par le besoin ; il souscrit à tout ce que le prêteur exige. »

Ces idées furent reproduites dans la discussion.

On assura que la loi, en attachant la contrainte par corps au billet à ordre, faciliterait la négociation de ces billets, ferait baisser l'intérêt de l'argent, augmenterait, avec les signes de crédit, la masse du crédit lui-même. La certitude d'avoir ses fonds à une époque fixe, sans embarras et sans frais, est un moyen nécessaire de crédit. — « Le premier élément du crédit, disait M. Treilhard, consiste dans la sécurité sur le payement des obligations à terme. »—« L'intérêt du prêt se compose par une partie notable des chances plus ou moins assurées de la restitution, ajoutait M. Treilhard. Plus vous attacherez de sécurité à l'acquittement des obligations, plus vous augmenterez les chances favorables et plus vous influerez sur la baisse de l'intérêt.... Si vous attachez indistinctement la contrainte par corps à tous les billets à ordre, vous augmentez le crédit de ce papier pour le commerce, pour le trésor public, pour la banque; vous donnez une garantie nouvelle aux transactions commerciales, vous faites baisser l'intérêt. »

Le billet à ordre ne réprésente qu'un engagement personnel; un engagement personnel qui ne serait pas garanti par la contrainte par corps serait sans valeur....... l'homme de bien qui souscrit un billet à ordre a la ferme volonté d'en acquitter le montant; il en a la certitude sans cela il ne contracterait pas..... la loi n'est favorable aux débiteurs qu'à raison de sa sévérité contre eux — il n'y a pas de motifs pour ménager quiconque manque à sa signature, et qui par suite force ses créanciers de manquer à leur tour aux engagements qu'ils ont souscrits.

A ces questions toutes pratiques se mêla cependant la question théorique si le billet à ordre est par lui-même acte de commerce.

Pour la résoudre il fallait se reporter à la lettre de change.

Pourquoi la lettre de change était-elle acte de commerce?

Un débat fort vif s'engagea sur ce point entre M. Beugnot d'une part, Merlin et Berlier d'autre part.

M. Beugnot s'exprimiat ainsi : — « C'est dit-on la remise de
« place en place qui constitue la lettre de change en effet de
« commerce, non.— Ce qui constitue la lettre de change, effet
« de commerce, c'est le commerce qu'on en fait; c'est le trans-
« port rapide d'une main dans une autre, c'est la facilité de la
« circulation ; c'est l'ordre des endossements ; c'est cet ordre

« tel que le porteur puisse constamment, et à jour fixe, compter
« sur le remboursement soit par une main, soit par une autre.
« Voilà ce qui constitue la lettre de change effet de commerce.

« Quiconque met dans la circulation un effet.... fait un acte
« de négoce et se constitue par conséquent négociant, et je
« trouve qu'il fait un acte de négoce, car il augmente la masse
« du papier en circulation, qui n'a été imaginé, introduit, fa-
« vorisé que pour le commerce ; lorsqu'il augmente la masse
« du papier en circulation, il influe sur le crédit de la place
« et sur l'auteur de l'argent : deux choses qui se tiennent de
« si près entre elles et qui enveloppent le commerce jusque
« dans ses racines.

« Enfin il fait un acte de négoce celui qui souscrit un billet à
« ordre, car ce billet va de près ou de loin se placer dans le
« portefeuille d'échéances.

Merlin répondait à M. Beugnot : « on soutient que ce n'est
« pas la circonstance de la remise de place en place qui im-
« prime aux lettres de change le caractère d'effet de com-
« merce. Cette opinion est contraire aux sentiments de tous
« les auteurs, tous enseignent que quand il n'y a plus de re-
« mise de place en place, il n'y a plus de lettre de change......

« Si la transmission fait des effets de commerce de tous ceux
« auxquels elle se trouve attachée, que dira-t-on d'un contrat à
« ordre passé devant notaire? sans doute que cette forme de
« contracter n'est pas ordinaire, mais cependant il y en a des
« exemples, » et M. Merlin en particulier en avait un à citer
dans une affaire sur laquelle il avait porté la parole en l'an XII,
et dans laquelle un sieur Bernard, qui avait acquis en 1788 un
office de receveur des impositions à Paris, avait négocié un
immeuble par un contrat notarié négociable à ordre. Ce serait
une dérision de qualifier un tel contrat d'effet de commerce,
disait très-bien M. Merlin.

L'opinion de M. Portalis n'est pas moins explicite. « Si la
« contrainte est attachée aux lettres de change, c'est un privi-
« lége accordé à la nature du contrat, et si peu à la forme,
« que s'il n'y a pas remise, la contrainte cesse. »

M. Berlier opinait dans le même sens : « On dit que le billet
« à ordre doit être rangé parmi les faits de commerce comme
« destiné à la circulation, mais d'une part il peut très-bien
« rester aux mains du premier porteur, si celui-ci n'a pas eu
« besoin de le négocier, et d'un autre côté la transmission
« peut être faite par un particulier non commerçant à un par-
« ticulier qui ne le soit pas davantage : double espèce où il est
« bien difficile d'apercevoir un fait de commerce — enfin la
« faveur due au commerce doit-elle aller jusqu'à faire pro-
« noncer qu'un billet susceptible de circulation convertit une
« transaction ordinaire en transaction commerciale, et que
« l'usage est interdit aux simples particuliers, sous peine d'être
« considérés et traités comme marchands. »

Avant ces discussions, les tribunaux d'appel s'étaient pro-
noncés.

« Comment est-il possible, demandait le tribunal de Dijon,
« de voir un fait de commerce dans un billet souscrit pour
« dettes ordinaires? Serait-ce parce que ce billet est transmis-
« sible par la voie de l'ordre? mais cette sorte de modalité
« introduite dans l'obligation ne peut en changer la nature.
« Serait-ce parce qu'il y a indication de lieu pour le payement?
« mais cette modalité, par elle-même indifférente, ne peut pas
« rendre fait de commerce une obligation qui a une toute autre
« cause. Serait-ce enfin à cause de l'analogie qui existe entre
« ces sortes de billets et les lettres de change résultant du
« même mode de transmission? mais d'ailleurs par sa nature,
« par son essence, la lettre de change est une négociation ; elle
« est, par cela seul, fait de commerce ; c'est au commerce
« qu'elle doit son existence, et il n'est même guère possible de
« concevoir une lettre de change sans négociation. »

Et le tribunal de Bordeaux :

« Le mot *ordre* prouve bien l'intention de faire circuler le
« billet, mais cette intention est dans le porteur et non dans le
« souscripteur. » — Que le porteur, disait le tribunal d'appel
d'Aix, fasse un acte réputé de commerce, on peut absolument
l'admettre, quoique ce soit donner une bien grande latitude à

un mot..... Mais le souscripteur ne fait pas un acte de commerce, en s'obligeant de rendre au prêteur, ou à son cessionnaire l'argent qu'il reçoit. Ce n'est là de sa part qu'une obligation civile, qui ne doit pas être assimilée aux obligations commerciales.

Quel fut le résultat de cette longue discussion?

Le rejet de la disposition proposée par les rédacteurs du projet de loi, et l'adoption des idées, et des termes mêmes de l'ordonnance de 1673.

On inséra à la fin de l'article 632 les expressions mêmes de l'art. 2 du titre XII de l'ordonnance.

ART. 2.	ART. 632.
Les juges et consuls connaîtront de tous billets de change faits entre négociants et marchands ou dont ils devront la valeur, et entre toutes personnes pour lettre de change ou remise d'argent faites de place en place.	La loi repute acte de commerce... toutes obligations entre négociants, marchands et banquiers — entre toutes personnes les lettres de change, ou remise d'argent faites de place en place.

Une différence ressort du rapprochement de ces deux textes :

L'ordonnance ne parle des billets de change et des lettres de change que pour en attribuer la connaissance aux Juges-consuls. — L'art. 632 parle des obligations et des lettres de change pour leur attribuer le caractère d'actes de commerce présumés.

Ainsi il semble que d'après l'article 632 les obligations entre marchands et les lettres de change ont plusieurs effets; que 1° au point de vue de la compétence ces actes ont un effet, qui les assujettit à la juridiction commerciale; mais que 2° à un point de vue plus général, ces actes ont encore pour effet de rendre commerçants ceux qui les accomplissent ordinairement.

En est-il ainsi? à ce second point de vue ces actes sont-ils des actes de commerce?

Ils ne sont actes de commerce que par une fiction. — Le

propriétaire qui aurait l'idée de ne payer jamais ce qu'il doit que sur lettres de change ne ferait pas par là absolument acte de commerce. La prescription attachée par les deux derniers paragraphes de l'art. 632 aux actes que mentionnent ces deux paragraphes est une fiction, et une fiction uniquement relative à la compétence :

Cette opinion ne repose pas sur cette simple observation que l'art. 632 est placé au Code de commerce dans le titre II du livre III, et que ce titre est consacré à la compétence des tribunaux de commerce. Il n'y a là qu'une raison de « *rubrique* » à laquelle nous ne voulons pas nous réduire.

L'opinion que nous avançons repose sur l'examen des discussions qui ont préparé l'art. 632, et sur l'examen des termes mêmes de cet article.

Il est constant que le législateur en rédigeant les derniers paragraphes de l'art. 632 a perdu de vue l'idée générale de l'acte de commerce, à laquelle il s'était attaché pour la rédaction de l'art. 1 du code de commerce, et les premiers paragraphes de l'art. 632, et qu'il n'a plus tenu compte que des attributions de compétence.

Les termes des derniers paragraphes de l'art. 632 indiquent eux-mêmes qu'ils doivent être pris en eux-mêmes, et seulement par égard aux attributions de compétence. Les termes de ces derniers paragraphes deviendraient en effet inintelligibles si l'on y cherchait la qualification absolue des actes de commerce.

Que dit l'art. 1 du code de commerce ?

Cet article pose ce principe que c'est le fait de commerce qui qualifie le négociant.

Que dit l'art. 632 ? Que c'est le caractère de la personne qui qualifie le fait.

La contradiction ne peut cesser qu'en admettant que la loi a improprement, et par l'effet d'une fiction, qualifié d'actes de commerce dans les paragraphes derniers de l'art. 632 des faits qui ne sont pas en eux-mêmes des faits de commerce.

Remarquons d'ailleurs que le système du code est analogue

celui que proposati le tribunal de Bruxelles ; ce tribunal indiquait dans ses observations un système qui apportait une modification à l'ordonnance, mais sans aller aussi loin que les rédacteurs du Code de commerce.

Il ne voulait pas que « le fait de la signature d'un particulier sur un billet à ordre eut pour effet, quelque rapide qu'il fut, d'assujettir ce particulier à toutes les obligations prescrites au commerçant, et dont l'inobservation impute présomption de banqueroute en cas de faillite ; » dans ce système on pouvait habituellement souscrire des billets à ordre sans être commerçant pour cela ; c'est en quoi le tribunal de Bruxelles se rapprochait des idées de l'ordonnance.

Voici en quoi il se séparait de ces idées. Il voulait qu'au point de vue de la compétence, et de la contrainte par corps, ces actes ne pussent être considérés que comme faits de commerce. Cette distinction était profondément logique ; elle ne détruisait pas le caractère civil d'une transaction civile ; mais elle soumettait cette transaction à des juges commerciaux et à une garantie réservée d'ordinaire au commerce.

Une question fort intéressante s'élève ici : un billet à domicile est-il un acte de commerce?

Il faut ici, selon nous, distinguer deux choses : 1° l'opération dont le billet à domicile est le véhicule et la preuve ; 2° le billet à domicile lui-même.

Le billet à domicile diffère de la lettre de change en ce que c'est le tireur lui-même qui doit payer à l'échéance ; il diffère du billet à ordre, et se rapproche de la lettre de change en ce qu'il suppose que le payement se fera dans un lieu autre que celui de la souscription.

L'opération qui s'accomplit par le billet à domicile est une véritable opération de change. C'est une remise de place en place. C'est donc un acte de commerce. Mais le billet à domicile est-il de même réputé acte de commerce comme la lettre de change? Non. La loi parle des lettres de change ; elle ne parle pas des billets à domicile, et ce n'est pas ici le cas d'une présomption où on peut raisonner par analogie ; c'est plutôt le cas d'une fiction où il faut appliquer rigoureusement la loi.

Si la lettre de change est un des signes auquel la loi a attaché, de la manière la plus expresse, une présomption de commercialité, c'est que, d'une part, la lettre de change suppose un change, et que, d'autre part, l'opération de change, dont la lettre de change, est la représentation, la preuve, l'instrument est un des actes d'entremise intéressée les plus énergiques.

1° Que fait le porteur d'une lettre de change, il intervient entre celui qui offre son crédit, et qui demande de l'argent, et celui qui offre son argent, et demande du crédit.

Pierre tire une lettre de change : il offre cette marchandise de nature essentiellement échangeable, et qui porte avec elle et en elle, par la clause d'ordre, la preuve de sa transmissibilité et de sa commercialité.

Jacques prend cette lettre au tireur, mais il la prend non pour la conserver ; il ne la reprend que pour s'en défaire. Ici encore la clause d'ordre ou la clause au porteur manifeste cette intention du preneur.

Enfin Jacques passe à l'ordre de Paul, lui remet aux mains la lettre de change, et retient comme bénéfice de l'entremise un droit d'escompte, de commission, un agio.

Le caractère de l'acte de commerce est ici aussi saillant que possible, quant au porteur de la lettre de change.

2° Quant au tireur, la commercialité n'est pas moins manifeste. Nous avons établi plus haut que celui qui fournit à une personne la prestation du service d'une autre personne, fait acte de commerce. Le directeur d'une agence qui fournit le travail de ses employés, le directeur de théâtre qui procure au public le plaisir de voir le jeu des acteurs, font acte de commerce. Cette situation est précisément celle du tireur. Il procure au preneur ou à ses ayants-cause l'avantage qui résultera pour eux de la prestation que le tiré fera de la somme montant de la lettre de change. Le tireur fait acte d'entremise en ce sens qu'il procure au preneur l'acceptation du tiré. Le tiré fournit une prestation ; il ne la fournit pas directement au porteur de la lettre de change; il ne la fournit que sur l'ordre du tireur. C'est donc par l'entremise de celui-ci qu'il entre en rapport avec le porteur. Le porteur de son côté ne reçoit pas directement du tiré la prestation ; il ne la reçoit que par l'entremise du tireur. Le tireur fait donc acte d'entremise, il y a donc de sa part fait commercial.

Nous avons dit que si la loi a attaché une présomption de commercialité à la lettre de change, c'est qu'elle suppose l'existence du contrat de change.

Il s'ensuit que dans le cas où la lettre de change par quelque cause ne fait plus supposer de contrat de change, elle doit perdre son caractère de présomption commerciale. C'est en effet ce qui a lieu. On sait qu'il est aujourd'hui d'un usage constant de recourir à la lettre de change pour réaliser de véritables prêts, (Jugement du tribunal de commerce de Villeneuve. Sirey, 1853, 2. 274. — 1858, 2. 165. — 60, 2. 77.)

Dans ce cas il n'y a pas fait de change, c'est-à-dire remise d'argent d'une place sur une autre. C'est l'hypothèse prévue par l'art. 112 du code de commerce. — Le caractère de présomption commerciale subsiste-t-il? Nullement. L'art. 636 dit expressément que, dans ce cas, le tribunal de commerce doit, sur la demande du défendeur se dessaisir, et renvoyer à la juridiction ordinaire un acte de commerce.

Quid de la lettre de change qui signée par la femme ou par les filles non marchandes, devient simple promesse aux termes de l'article 113 du code de commerce? La femme non-marchande qui aura signé une lettre de change aura-t-elle fait un acte de commerce?

La question est vivement controversée.

Il nous paraît constant que l'affirmative doit être adoptée.

La raison de décider est que la présomption de commercialité que la loi tire de la lettre de change est tout aussi forte, que la lettre ait été signée par un homme ou par une femme. L'art. 631 qui déclare cette présomption, est général dans ses termes, et il attribue aux tribunaux de commerce la connaissance entre toutes personnes des contestations relatives aux lettres de change ou remises d'argent faites de place en place.

Sans doute l'art. 636 dispose que « lorsque les lettres de change ne seront réputées que simples promesses, aux termes de l'art. 112….. Le tribunal de commerce devra renvoyer au tribunal civil s'il en est requis par le défendeur ; mais cette disposition de l'art. 636 nous touche peu — l'art. 636 renferme une exception, et doit être entendu d'une manière rigoureuse — or dans ses termes il excepte de la compétence commerciale les prétendues lettres de change auxquelles l'art. 112 refuse ce caractère, et qu'il répute simples promesses; mais le même art. 636 garde le silence sur les lettres de change qui, signées par des femmes, sont l'objet de l'article 113. — Cette différence se comprend. Que l'art. 636 enlève le caractère d'acte de commerce aux lettres de change, auxquelles s'applique l'art. 112, rien de plus juste ! Ces prétendues lettres de change ne proviennent pas d'une remise d'argent faite de place en place et régulièrement attestée. La présomption de commercialité doit disparaître avec l'idée de change. Mais quant aux lettres de change qui proviennent d'un véritable contrat de change et sont seulement signées par des femmes et des filles, non négociantes et non marchandes, la présomption doit subsister, parce que l'idée du change ne disparaît pas.

Cette doctrine confirmée par deux arrêts de cassation, 6 novembre 1843, et 30 janvier 1849, nous paraît la seule vraie.

Mais ici se présente une grave difficulté :

La lettre de change est acte de commerce parce qu'elle suppose l'existence d'un change, et qu'un change est un fait d'entremise. Cette dernière idée est juste, mais dans une certaine limite seulement.

Que le preneur, que le tireur, de la lettre de change fassent acte d'entremise, rien de mieux, ce point a été démontré plus haut. Que par conséquent il y ait fait de commerce dans l'endossement de toute lettre de change, rien de mieux, selon nous, mais la loi ne s'est pas arrêtée là : la lettre de change est réputée acte de commerce, aux termes de l'art. 632. Or cette expression étant générale, il s'ensuit que quiconque intervient dans une lettre de change fait acte de commerce. — Mais c'est précisément là que la difficulté commence.

Que le tireur fasse acte de commerce, c'est ce que certains esprits ne veulent pas admettre. A leurs yeux le tireur ne fait pas plus acte de commerce que le propriétaire qui vend ses récoltes ; le tireur vend une lettre de change, mais cette lettre de change, c'est lui qui l'a créée ; il ne figure pas comme intermédiaire — il n'y a pas dans son fait la moindre trace d'entremise. C'est ce qu'avait entendu le tribunal d'appel d'Aix, quand il demandait que le fait de *souscrire* un effet de commerce ne fut pas assimilé à un acte de commerce.

Ces idées étaient erronées en ce qui touche le *tireur* ; nous l'avons fait voir plus haut ; mais elles seraient justes en ce qui touche le *tiré*.

De ce que toute opération de change est acte de commerce, s'ensuit-il que le tiré, le terme extrême de l'entremise, fasse acte de commerce ? nullement. Le tiré, en acceptant ou en payant la lettre de change, ne fait pas, à un point de vue absolu, acte de commerce.

Cette réflexion est autorisée par un puissant argument. La loi répute acte de commerce *tout achat pour revendre*. Le fait d'acheter et le fait de revendre sont commerciaux, mais a-t-on jamais eu l'idée d'étendre la commercialité au fait de vendre à l'acheteur commercial, au fait d'acheter sur la revente ? nullement. Pierre vend à Paul un cheval que celui-ci achète pour le revendre à Jacques ; Paul fait acte de commerce en achetant à Pierre, acte de commerce en revendant à Jean ; il n'y a pas doute ; mais ni Pierre ne fait acte de commerce en vendant à Paul, ni Jacques en achetant à Paul. — De même dans l'opération de change, Pierre vend à Paul une lettre de change que Paul cède à Jacques. Paul fait acte de commerce en prenant la lettre, acte de commerce en la passant à Jacques ; mais Jacques, en acceptant cette lettre, ne fait pas acte de commerce.

Quoi qu'il en soit, il est certain que les termes de la loi sont plus exprès dans le cas de *lettre de change* que dans le cas d'achat et de revente, que dans le cas des entreprises de transport, de spectacle, etc.? Si en ce qui concerne ces actes, on a compris que la commercialité avait les mêmes limites que l'entremise, on est forcé, dans le cas spécial du change, d'étendre la commercialité au-delà de ces limites. Les termes de la loi commandent cette dérogation manifeste aux principes.

C'est ici précisément le cas d'une de ces fictions de la loi en matière d'actes de commerce dont nous parlions plus haut.

CHAPITRE VII

Article 633 du Code de Commerce.

La loi répute acte de commerce, toute entreprise de construction.

Il n'y a ici à rappeler que ce qui a été dit plus haut des entreprises de manufactures, de commission. Le mot *entreprise*, entendu avec un certain sens implique nécessairement l'idée d'*entremise*.

L'entreprise de construction ne doit pas différer des autres à ce point de vue.

Il faut cependant parler ici d'une objection qui a été faite. L'entreprise de construction doit être acte de commerce, quand l'entrepreneur fournit les matériaux; il les a achetés; il les revend; il y a là acte de commerce; mais le constructeur qui ne fait que louer le travail de ses ouvriers, fait il acte de commerce. Cette objection ne nous parait pas fondée. L'acte de commerce est incontestable dans le fait d'un entrepreneur de spectacles publics.

« Le troisième alinéa de l'art. 632 du code de commerce répute acte de commerce l'entreprise de spectacles publics. Pourquoi cela? Dans la plupart des entreprises de cette nature, dit M. Cardot (*Revue de droit commercial*, avril 1864, p. 185,) la salle est fournie gratuitement au directeur par la commune qui est propriétaire ; par conséquent ce n'est pas la salle qui forme l'objet de l'entreprise..... ce ne sont pas non plus les décors que l'entrepreneur de spectacles fait construire et peindre qui peuvent être considérés comme la chose principale dans l'opération à laquelle il se livre. Ce qu'il y a de principal, c'est la spéculation sur les salaires qu'il paye aux artistes qu'il emploie. Que le public soit nombreux aux représentations qu'il donne, et les sommes provenant du prix des places, seront supérieures à celles qu'il paiera aux acteurs aux termes convenus. Voilà l'objet important dans l'œuvre de l'entrepreneur de spectacles, et par conséquent la spéculation à laquelle il se livre est de même nature que celle de l'entrepreneur qui ne fournit pas les matériaux qu'il emploie. »

Une autre objection a été faite ; la loi ne répute acte de commerce que l'entreprise de construction maritime.

Cette opinion se peut au premier abord autoriser de l'art. 633. Cet article ne paraît renfermer que des dispositions relatives à la marine, la disposition initiale est, il est vrai, générale, mais il semble qu'elle doive être entendue *secundum subjectam materiam*, et qu'elle doive être appliquée exclusivement aux entreprises de constructions maritimes.

Plusieurs décisions de justice ont consacré cette opinion.

Malgré ces autorités nous n'hésitons pas à déclarer que, dans notre opinion, toute entreprise de constructions quelle que soit la nature de ces constructions, est un acte de commerce, du moment que l'entrepreneur fournit ou les matériaux, ou la main-d'œuvre d'ouvriers salariés par lui, mais sans rechercher si la construction est maritime ou terrestre.

La raison de décider est pour nous que ce fait constitue une entremise et une spéculation, et qu'il rentre, par conséquent, dans la classe des actes de commerce. Quant à la raison de douter, elle ne nous touche pas. Les termes de la loi sont absolus; « la loi répute acte de commerce tout acte de construction. » Si ce paragraphe, au lieu d'être le premier de l'art. 633, était le dernier de l'art. 632, tout le monde reconnaîtrait qu'il est relatif aux constructions terrestres; la place qu'il occupe ne nous paraît pas avoir l'importance qu'on y attache ; encore, s'il se trouvait à la fin de l'art. 663, il semble qu'on pourrait soutenir que la pensée de ce qui suit est diminuée par la pensée de ce qui précède, mais ce n'est pas le cas. Les textes sont silencieux.

En dehors de ces raisons de texte, faut-il chercher, dans l'étude des travaux préparatoires, la lumière?

L'art. 3 du projet de code de commerce était ainsi conçu : « Sont réputés faits de commerce tous actes relatifs au trafic « et négoce des denrées et marchandises, toutes entreprises « de manufactures, de commission de transport par terre et « par eau, de constructions, expéditions et voyage par mer. »

Ce fut sous cette forme que le projet fut soumis aux tribunaux d'appel.

Le tribunal d'Orléans, dans sa délibération du 18 thermidor an X, arrêta l'observation suivante. « On a compris, dans ce paragraphe, au nombre des faits de commerce *toutes entreprises de constructions*. Ces entreprises sont de simples locations ou louages d'ouvrages; elles n'ont aucune analogie avec les faits de commerce et ne sauraient être réglées par les lois qui lui sont propres ; elles lui sont trop étrangères, si ce n'est peut-être les constructions de navires marchands à raison de de leur destination pour le commerce. Quant aux entrepreneurs de bâtiments, s'ils peuvent être considérés comme commerçants, ce n'est que relativement à l'achat des matériaux qu'ils employent et fournissent dans leurs entreprises. »

A tort ou à raison, le tribunal voulait que la loi ne classât pas les entreprises de constructions terrestres dans les actes de commerce. C'était là le résultat d'une fausse conception de l'idée d'entreprise et peut-être de l'idée de la commercialité elle-même.

Quelques mois avant cette délibération, le tribunal d'Angers en avait pris une. « Le mot construction, disait l'observation de ce tribunal, est trop général ; il paraît d'ailleurs inutile et on croit nécessaire de le supprimer, parce qu'il pourrait servir de prétexte pour donner, à cette disposition, une extension qu'elle n'a pas et ne doit pas avoir ; en effet, on entend sans doute parler de la construction des bâtiments d'une *manufacture*, de celle d'un vaisseau, de bateaux pour le commerce. Alors cette disposition rentre dans la première telle qu'elle est proposée, et devient surabondante ; mais ne serait-il pas à craindre qu'en laissant ce mot on ne voulut l'étendre à toutes constructions ; par exemple, à celle d'un édifice pour un simple particulier, contre lequel l'architecte n'a que l'action ordinaire ? Interprétation fausse qu'on doit prévenir. »

Le tribunal de commerce de Châtillon disait à propos du même article : « Si l'article entend constructions navales, il n'y a
« point en cela de nouvelle attribution ; il y en a une, s'il entend
« entreprises de construction indistinctement ; mais on ne voit
« point d'inconvénient dans ce cas là même ; seulement on croi-
« rait inutile de l'expliquer. »

A un point de vue général, ces trois observations témoignent que peu d'esprits avaient, en 1806, la notion parfaite de l'acte de commerce ; pour le tribunal d'Orléans, la commercialité existe s'il y a achat pour revendre et dans les cas où les choses, objet des transactions, ont une destination commerciale ; théorie trop étroite et trop large à la fois, dont la seconde partie est acceptée cependant par la Cour d'Angers qui n'admet la commercialité des entreprises de constructions que parce qu'elles seraient l'occasion et le préliminaire d'une opération commerciale.—Le tribunal de Châtillon enfin paraît croire que la classification des actes de commerce est arbitraire, et n'est dominée que par des raisons d'intérêt et de convenance générale.

Mais au point de vue particulier de la question qui nous occupe, il reste certain que l'observation des tribunaux a dû appeler l'attention du législateur sur le mot construction et le sens qu'il entendait lui attribuer.

Que l'attention du législateur se soit, en effet, portée sur cette expression et qu'il n'ait pas eu la pensée de consacrer l'opinion de la Cour d'Orléans et de restreindre aux constructions navales la commercialité, ce point n'est pas douteux; en effet, dans la séance du 4 novembre 1806, M. Regnaud de Saint-Jean d'Angely, au nom de la section de l'intérieur présenta au Conseil d'État le titre 1er du livre Ier du code de commerce. L'art. 2 de ce titre portait : « Sont réputés actes de commerce tous actes de trafic et négoce de denrées et marchandises, toutes entreprises de manufactures, de commission, de transport par terre et par mer, toutes entreprises de construction de bâtiments pour la navigation intérieure ou extérieure, toutes opérations de change.....

Ce projet traitait, dans une même disposition, des actes relatifs au commerce de terre et de ceux qui regardaient le commerce de mer. Six séances furent consacrées à la discussion des art. 1 et 2 du titre de la compétence correspondants aux art. 632 et 633 du code actuel. Dans ces longs débats, il ne fut pas dit un mot qui, de près ou de loin, fut de nature à indiquer la volonté du législateur; seulement les articles furent, au sortir de ces longs débats, présentés à la sanction législative avec la rédaction qu'ils ont aujourd'hui.

Que résulte-t-il de ces faits? Il en résulte sans doute que certains esprits voulaient que la loi refusât le caractère d'actes de commerce aux entreprises de construction terrestres, mais il n'en résulte pas que le législateur ait exaucé ce vœu. Il faut donc chercher ailleurs la raison de décider la question.

Mais si les textes sont silencieux et qu'on ne puisse rien induire de l'étude des travaux préparatoires, c'est le cas de s'en rapporter aux principes généraux, et c'est d'après ces principes généraux que nous décidons que toute entreprise de construction est un fait de commerce du moment qu'il y a entremise et spéculation.

La loi répute acte de commerce « tous achats, ventes et reventes de bâtiments pour la navigation intérieure et extérieure. »

L'achat et la revente d'un bâtiment est un acte de commerce comme l'achat et la revente de tout autre objet mobilier ou immobilier. Il n'y a pas de difficulté. Mais la loi dit que la vente d'un bâtiment est par elle-même un acte de commerce. N'y a-t-il pas là une objection contre notre théorie.

La commercialité résulte, avons-nous dit, de toute spéculation par entremise. Or vendre un bâtiment n'est un fait d'entremise que si on l'a acheté, vendre n'est pas, à proprement parler un fait d'entremise, l'entremise, c'est revendre. Cependant la loi veut que le fait de vendre, indépendamment du fait de revendre, soit un acte de commerce. Il y a donc des actes de commerce qui ne constituent pas des faits d'entremise.

Cette objection n'est pas difficile à renverser.

Toute personne qui vend un vaisseau ou bien le fait construire, c'est le premier cas, ou bien l'a acheté, c'est le second cas, ou l'a reçu par succession, donation, c'est le troisième cas.

Il y a acte de commerce dans le premier cas. La vente du bâtiment est le dernier mot de l'entremise. Un bâtiment ne peut jamais être construit que par une entreprise. Un homme seul, sans ouvriers, ne pourrait construire qu'un canot comme Robinson : la construction d'un bâtiment suppose une entreprise ; cette entreprise constitue une entremise entre les fournisseurs des matériaux, les ouvriers fournisseurs de la main d'œuvre, et l'acheteur du vaisseau. Ainsi rien que de naturel à ce que la vente d'un vaisseau par le constructeur soit un acte de commerce.

Il y a acte de commerce dans le second cas, cela n'a pas besoin d'être démontré ; il y a achat et revente, et achat avec intention de revente et spéculation.

Reste le troisième cas. S'il y avait acte de commerce dans ce cas, nous n'hésitons pas à le décider, notre théorie de la commercialité serait ébranlée sur un point ; à moins de recourir à l'hypothèse d'une fiction; mais selon nous, malgré les termes de la loi, il faut décider que la vente d'un bâtiment, dans ce cas spécial, n'est pas un acte de commerce de la part du vendeur.

Il est naturel de penser que le législateur, en parlant des ventes et reventes de bâtiments, a eu en vue le premier cas (ventes), le deuxième cas (reventes), mais qu'il n'a pas eu en vue le troisième cas, cas rare et qui ne se présente pas naturellement à la pensée des hommes pratiques.

Le commerce est essentiellement facultatif en ce sens que nul ne fait acte de commerce qui ne veut le faire. Ce principe, pour n'être écrit nulle part, n'en est pas moins certain. Qu'arverait-il cependant si, forcément, toujours et pour tous, la vente d'un bâtiment constituait un acte de commerce! Pierre, dont le père est armateur, hérite de dix bâtiments; il les vend, le voilà donc dans la nécessité de faire acte de commerce! et exposé à toutes les conséquences des actes de commerce! cette conséquence étant inadmissible, on est forcé de reconnaître que malgré les termes de la loi, il faut apporter des restrictions à cette idée que toute vente de bâtiments constituerait un acte de commerce.

La loi répute acte de commerce « toutes expéditions maritimes. »

Il faut distinguer dans une expédition maritime le fait de celui qui se charge de l'expédition, et le fait de l'expéditeur et du destinataire.

X*** habite Bordeaux et a son fils domicilié en Amérique. Chaque année le père envoye au fils une pièce de vin pour la consommation de celui-ci. X*** père fait-il acte de commerce en remettant à un capitaine de vaisseau la pièce de vin avec commission de la transporter en Amérique? nullement. X*** fils fait-il acte de commerce en recevant du capitaine la pièce de vin expédiée par son père? non encore. Il n'y a acte de commerce que dans le fait du capitaine.

La loi répute acte de commerce « tout achat ou vente d'agrès, d'apparaux et avitaillements. »

Ici comme en ce qui concerne la vente des navires eux-mêmes, nous n'hésitons pas à décider que la vente des agrès apparaux et avitaillements n'est un fait commercial que si le vendeur est ou revendeur, ou constructeur des agrès, apparaux et avitaillements.

La loi répute acte de commerce tout affrétement et nantissement.

L'affrétement se produit dans des circonstances fort différentes.

Premier cas. Le propriétaire d'un navire non équipé le frête à un affréteur, à un armateur, et celui-ci ne l'affrête que pour opérer des transports. Dans ce cas l'acte de commerce est manifeste. L'armateur affrête au propriétaire pour frêter au public. C'est le cas de l'intermédiaire qui loue pour sous-louer.

Deuxième cas. — Le propriétaire d'un navire, ayant équipé ce navire et l'ayant confié à un capitaine, le frête à des personnes qui veulent ou faire un voyage ou expédier des marchandises. Il y a fait de commerce parce qu'il y a entremise entre l'équipage, le capitaine, les constructeurs du vaisseau d'une part, et les chargeurs ou passagers d'autre part. C'est le cas de l'entreprise de transport.

Mais y a-t-il acte de commerce dans ce second cas à l'égard des passagers ?

Nous ne le pensons pas ; il n'y a pas en effet acte d'entremise. Le passager qui prend passage sur un navire ne fait pas acte de commerce ; il est dans le cas du voyageur qui monte dans un chemin de fer ou dans une voiture publique. « Il ne « peut être sérieusement contesté, disait un jugement du « tribunal de la Seine, du 28 décembre 1858, que le passager « qui se fait transporter d'un lieu à un autre, soit par terre, « soit par eau, ne fait pas acte de commerce. »

La loi répute acte de commerce « tout emprunt ou prêt à la grosse. »

Il semble au premier abord que la théorie que nous avons successivement justifiée en présence des diverses dispositions de la loi, doive succomber en présence de celle-ci. Comment dégager ici l'idée d'entremise et l'idée de spéculation ? il s'agit d'un emprunt, il s'agit d'un prêt ; ne faut-il pas reconnaître qu'ici le législateur a attaché le caractère d'acte de commerce à des actes qui ne renferment ni entremise ni spéculation ?

Il ne faut pas raisonner ainsi : en effet, une étude approfondie des contrats à la grosse, permet d'y reconnaître l'idée de l'entremise.

La personne qui fait le commerce au moyen d'un mandataire est elle-même considérée comme faisant le commerce. Nous avons vu cette idée consacrée par un arrêt.

Nous avons tiré de ce principe une première conséquence, c'est que l'associé commanditaire faisait acte de commerce par les agissements commerciaux de la société, et sur ce point nous avons trouvé une jurisprudence fortement établie.

Mais le principe qu'il faut rechercher la personne du représenté et ne pas se borner à la personne du représentant n'est lui-même que la manifestation d'un principe supérieur, qu'i faut ici indiquer.

Voici le principe : en droit les actes sont réputés faits par la personne, à qui il était de l'intérêt de les faire. C'est là une idée très-importante; *is fecit cui prodest*, peut-on dire en donnant à ce brocard une portée qu'il n'avait pas chez ceux qui l'ont introduit.

On s'est souvent demandé quelle était la nature de la gestion d'affaires : cette question est une des plus intéressantes que l'on puisse débattre dans la philosophie du droit.

La personne dont on gère l'affaire se trouve obligée à l'égard du *negotiorum gestor*, quel est le principe de cette obligation ? le consentement tacite ? non ; — car le code civil ne fait pas de distiction entre la gestion soufferte, la gestion défendue, la gestion ignorée, et celui qui gère contre la défense du maître est tout aussi bien *negotiorum gestor* que si sa gestion était inconnue et ignorée (Voir Delamare et Lepoitevin tome 1. n° 142. — Troplong *du mandat*. t. 1. p. 79. n° 75. — v. loi 39. D. *de negotis gestis* loi 53. D. de *servis exportandis*.) — Une présomption de consentement ? — non, car on ne concevrait pas la raison d'une présomption allant contre la nature des choses ; les présomptions ne sont pas des fictions, comme on disait autrefois, et les présomptions doivent suivre la nature des choses sans la contrarier — la loi? non; — car si le législateur peut régler les obligations et les définir, il n'est pas de son pouvoir de les créer, et l'obligation du maître envers le gérant d'affaires n'a pas attendu pour exister, la disposition, et la consécration de la loi.

La véritable raison de la gestion d'affaires, est dans l'idée que nous exposions plus haut que les actes sont l'œuvre de ceux à qui ils profitent.

Dans la réalité absolue celui-là fait une chose qui est interressé à ce qu'elle soit faite : c'est par cette idée que l'on peut trouver une base à l'obligation du maître envers le gérant d'affaires; c'est par la même idée que l'on peut expliquer les cas où la loi annulle une disposition à raison des interpositions de personne.

Ces explications, abstraites peut-être mais très-sérieuses étant données, demandons nous si l'associé commanditaire fait acte de commerce et nous n'hésitons pas a décider affirmativement.

Si de l'associé commanditaire nous passons au prêteur ordinaire, nous trouvons une immense différence.

Le prêteur n'a aucun intérêt direct dans les agissements de son emprunteur. L'emprunteur fait-il acte de commerce avec les fonds empruntés? peu importe : il n'y a pas acte de commerce pour le prêteur.

Denouville fonde un théâtre, il emprunte de l'argent afin de monter son entreprise. Le prêt est-il un acte de commerce? la cour de Paris le décide à tort. Le prêteur dans ce cas n'est pas intéressé dans l'opération.

Ainsi décision différente pour l'associé commanditaire et pour le prêteur, et la différence résultant de ce que le premier est intéressé dans les opérations, et que le second ne l'est pas.

Mais le prêteur à la grosse? Ici l'intérêt recommence, le prêteur à la grosse prête ses fonds avec une destination ; il concourt par-là même à l'acte commercial ; il est dans une certaine mesure l'associé, le co-auteur du capitaine, de l'armateur, du frêteur. L'opération réussit-elle ? le prêteur à la grosse tire un profit ; l'opération tourne-t-elle mal ? le prêteur à la grosse perd tout.

Il ne faut donc pas s'étonner que la loi ait déclaré que le prêteur à la grosse faisait acte de commerce, tandis que bien certainement celui qui prêterait une somme dans les conditions du prêt ordinaire pour une expédition maritime ne ferait pas un acte de commerce.

La loi n'aurait pas dit que le prêt à la grosse fait a un armateur était un acte de commerce, si toutes espèces de prêts faits à un armateur pour les besoins de ses affaires avaient le même caractère.

Ici se présente une délicate question : peut-on prêter à la grosse sur les bâtiments de rivière ? et si ce contrat est permis, le prêt à la grosse dans ces conditions constitue t-il un acte de commerce ? La question est double : il faut examiner successivement chacun des termes,

Et d'abord peut-on prêter à la grosse sur des bâtiments de rivière ?

La raison de décider l'affirmative est dans la liberté générale des transactions. On ne trouve nulle part dans la loi la prohibition du contrat à la grosse pour les bâtiments de rivière.

La raison de douter est 1° que la loi de 1807 a défendu de prêter en stipulant un taux supérieur à 5 0/0 dans les matières civiles, et à 6 0/0 dans les matières de commerce. Or il est certain que le prêteur à la grosse stipule plus de 6 0/0. 2° que la loi, quand elle règle dans les art. 311 et suivants, les obligations réciproques crées par les contrats à la grosse, n'a en vue que ceux de ces contrats qui se font à l'occasion du commerce de mer.

La première de ces deux raisons de douter nous paraît reposer sur d'une assimilation erronée entre la situation d'un prêteur ordinaire, et la situation d'un prêteur à la grosse. Le prêt à la grosse n'est réellement pas un prêt ; les deux contrats ont entre eux de telles différences qu'il n'est pas possible d'admettre que les dispositions de la loi de 1807 atteignent par dessus le prêt à intérêt le prêt à la grosse. D'ailleurs on admet que la loi de 1807 ne s'applique pas au prêt à la grosse concernant le commerce de mer : pourquoi la même loi s'appliquerait-elle au prêt à la grosse concernant le commerce de rivière ?

La seconde raison de douter est peut-être plus sérieuse. Le titre du code de commerce relatif au contrat à la grosse est placé dans le deuxième livre du code de commerce. Or, d'après son intitulé, ce livre ne concerne que le commerce maritime, et l'art. 190, qui ouvre ce second livre commence par ce mots « les navires et autres bâtiments de mer sont meubles. » Le législateur en traçant les règles du contrat à la grosse n'a donc eu en vue que le contrat à la grosse intervenant à l'occasion du commerce de mer.

Cette seconde raison serait décisive si l'on admettait que la loi en traçant les règles d'un contrat exclut la légitimité d'un contrat analogue, du moment que ce dernier contrat n'intervient pas dans les conditions précises du premier, mais c'est cette idée qui ne peut être admise. « Il n'est pas nécessaire de trouver dans le code des dispositions spéciales pour un contrat, pour que ce contrat soit admis. On peut dans le commerce faire toutes les conventions que la loi ne défend pas. Les conventions non prévues par des dispositions spéciales sont régies par les règles de ce qu'on appelle le droit commun, ou, par voie d'analogie par les règles puisées dans celles des contrats similaires. » Cauvet. (*Revue du droit commercial* 1864. 8. p. 193).

Le contrat à la grosse est donc, selon nous, aussi légitime quand il se produit à l'égard du commerce de rivière, qu'à l'égard du commerce de mer. Mais reste alors la seconde question. Le contrat à la grosse est-il acte de commerce aussi bien dans un cas que dans l'autre ?

L'affirmative repose sur cette raison que, dans un cas

comme dans l'autre, le prêt à la grosse constitue une coopération intéressée à une opération commerciale.

La raison de douter, est que dans l'art. 633 le législateur déclare réputer « acte de commerce, tout emprunt ou prêt à la « grosse, toutes assurances et autres contrats concernant le « commerce de la mer. » Or, ce qu'il dit du prêt à la grosse, concernant le commerce de mer, il ne le dit pas du prêt à la grosse, concernant le commerce de rivière.

Pour résoudre cette difficulté, nous ne dirons pas que les mots « autres contrats concernant le commerce de mer » forment une phrase à part, très-distincte de celles qui précèdent, et qu'ils ne s'appliquent pas aux contrats à la grosse et aux assurances ; mais, comme nous estimons que la commercialité des actes résulte de la nature des choses, et non pas d'une institution formelle de la loi, nous n'hésitons pas à ne voir dans les dispositions de l'art. 633 que des dispositions énonciatives, et nullement des règles limitatives.

La loi répute acte de commerce, toutes assurances et autres contrats concernant le commerce de la mer.

En ce qui concerne les assurances, il n'y a pas les mêmes raisons que pour le prêt à la grosse. Il est difficile de soutenir que l'assureur a un intérêt dans l'opération maritime de l'assuré ; qu'il est, dans une certaine mesure le co-auteur de l'acte de commerce, ce qu'il faut plutôt reconnaître c'est qu'il s'agit ici d'un acte déclaré acte de commerce par une fiction.

La même question que nous avons examinée à l'égard du prêt à la grosse, se peut élever à l'égard de l'assurance. Peut-on assurer des bâtiments de rivière, et une telle assurance est-elle un acte de commerce ? Il n'y a pas besoin de démontrer l'affirmative sur le premier terme de la question. La légitimité des assurances terrestres, est un de ces faits qui prouvent d'une manière incontestable que la loi commerciale est dispositive dans ces énonciations, et non limitative ; mais sur le second terme de la question, les assurances des bâtiments de rivière sont-ils des actes de commerce ? la démonstration est la même que pour le prêt à la grosse.

La loi répute acte de commerce « les autres contrats concernant le commerce de mer. »

Quels sont ces autres contrats ?

Le législateur a eu, selon nous, principalement en vue le contrat de pacotille. Les gens de mer sont quelquefois autorisés à remplir ce qu'on appelle leur coffre, par des marchandises que des tiers leur confient pour les vendre. Cette convention qui se nomme contrat de pacotille constitue nécessairement un acte de commerce pour le preneur à pacotille, et en constitue presque toujours un pour le donneur de pacotille. »

La loi répute acte de commerce, « tous accords et convention pour salaire et loyers d'équipages, tous engagements de gens de mer, pour le service des bâtiments de commerce. »

On sait la différence entre les gens de mer et les gens d'équipage. Le service d'un navire est fait par un grand nombre de personnes sous la direction du capitaine. Toutes ces personnes et le capitaine lui-même sont compris sous la dénomination collective « des gens de mer. » Lorsqu'on veut distinguer le capitaine, et qu'il est en opposition avec ceux qui lui sont subordonnés, ces derniers prennent le nom de gens de l'équipage. Cette distinction est faite par les légistes du droit maritime.

Cela dit, on conçoit ce que la loi entend par « accords et con-« ventions par salaire et loyer d'équipage ; par engagements « de gens de mer pour le service des bâtiments de com-« merce. »

Un matelot qui s'engage fait-il acte de commerce ?

Au point de vue de la compétence, la question présentera peu d'intérêt ; car l'engagement des gens de mer, est soumis à une juridiction spéciale. L'ordonnance du 31 octobre 1784 et l'arrêté du 26 mars 1804 confient aux commissaires de l'inscription maritime en France le jugement des affaires relatives aux engagements des gens de mer; mais la question présentera de l'intérêt à d'autres points de vue. Si le matelot fait acte de commerce, il est commerçant, et s'il est commerçant il s'en suit une série de conséquences intéressantes. Son contrat de mariage, s'il se marie, doit être publié, etc., etc.

La solution de la question doit être, selon nous, négative. Le matelot qui loue ses services ne fait pas acte de commerce. Il n'y a pas dans le fait de cette location acte d'entremise.

CAPITRE III.

Des erreurs de la doctrine et de la jurisprudence.

On a établi, dans les deux premières parties de ce travail, que la raison comme la loi sont d'accord pour définir les actes de commerce, d'après la nature de ces actes, et que l'on doit déclarer acte de commerce tout acte renfermant une intention d'entremise, une intention de spéculation. Si rationels que soient ces principes, on conçoit qu'*en fait* le juge soit souvent embarrassé pour les appliquer, pour décider si, dans une espèce spéciale, il y a, ou il n'y a pas, acte de commerce. Les intentions sont cachées, secrètes, elles existent dans le fond de la pensée et de la volonté. Il faut souvent aux juges de grands efforts pour en pénétrer le secret : telle personne, en achetant tel objet, avait-elle ou n'avait-elle pas l'intention de le revendre? Voulait-elle faire un bénéfice en le revendant? Entendait-elle gagner sur cette revente? Se chargeait-elle d'une entremise, et était-elle dirigée par une pensée de spéculation? Ces questions délicates peuvent embarrasser la justice, elles sont une des difficultés de la matière. Il n'en serait autrement que si la loi avait pris pour caractériser les actes de commerce, certains faits accessoires, la qualité des personnes établie par la patente, mais ce n'est point là ce qu'elle a fait.

Ce que l'on conçoit plus difficilement, c'est qu'en dehors

des affaires débattues devant la justice, et sans sortir du domaine des principes et des raisonnements de droit, des difficultés et des controverses s'élèvent quand il s'agit de déterminer les actes de commerce; il en est ainsi, cependant ; il semble qu'une application simple et naturelle des principes devrait prévenir ces questions ; elles s'élèvent cependant nombreuses et délicates à trancher. On ne saurait ouvrir un recueil de jurisprudence sans y rencontrer, presque à chaque page, un arrêt sur la matière, souvent deux, et contradictoires. De nombreuses décisions attribuent le caractère d'actes de commerce à des faits qui ne présentent ni la marque de l'entremise ni celle de la spéculation, ni du moins ces deux marques réunies ; ou refusent ce caractère à des actes qui réunissent ces deux traits. Les auteurs, de leur côté, approuvent ces arrêts, ou, s'ils les critiquent, les critiquent par des raisons tout-à fait différentes de celles que nous avons présentées.

Ces incertitudes et ces contradictions étonnent d'abord, mais il suffit de quelques réflexions pour en pénétrer le secret, et l'on ne peut, si on la cherche, tarder à trouver l'explication de ces divergences ; elle est dans le soin avec lequel le législateur semble avoir voulu éviter de définir l'acte de commerce. La définition manquant, il a été difficile de la trouver, de la donner complète, juste, et surtout de la donner telle qu'elle fût satisfaisante, et qu'elle eût de l'autorité. Là où une définition donnée par le législateur eut tout fixé, des définitions imaginées et proposées par les jurisconsultes, ont laissé tout dans l'incertitude. Cette incertitude satisfait d'ailleurs, dans une certaine mesure, une tendance des tribunaux de commerce. On l'a dit avec raison, la juridiction commerciale est envahissante. La remarque, très-juste autrefois, l'est encore de nos jours. Comme cette juridiction ne rencontre pas un ministère public pour arrêter ses empiètements, elle usurpe sans cesse un nouveau domaine. Elle s'exerce souvent sur de faibles sommes, et « quand ses envahissements sont attaqués devant les cours souveraines pour un intérêt minime et qu'au fond le tribunal de commerce a sainement jugé, l'équité vient plaider contre le droit : les magistrats supérieurs reculent devant la nécessité de condamaner celui qui a porté de bonne foi son action devant un tribunal où tous ses confrères la portent en pareil cas, ils reculent devant l'idée de faire supporter à celui qui a droit au fond, les frais d'instance et d'appel, souvent trois fois plus forts que l'intérêt du procès... Les motifs des arrêts ne passent pas tous dans la rédaction. (Coin Delisle, *Revue critique de jurisprudence*, 3, p. 359, examen doctrinal de janvier 1853).

Quoi qu'il en soit des causes qui ont étendu le cercle fixé par la loi des actes de commerce, il importe d'indiquer ici les idées erronées et les fausses applications de principes à l'aide desquels ces empiétements ont été consacrés.

Ce n'est assurément pas la partie la moins intéressante de cette étude; c'en est bien plutôt le nécessaire complément. Si quelque acte dans lequel ne se rencontrerait réuni ni le caractère de l'entremise, ni celui de la spéculation, devait être qualifié acte de commerce, les principes que nous avons exposés plus haut seraient renversés, et il faudrait reprendre à nouveau tout le fondement ébranlé. L'idée de Merlin est ici bien applicable. « La science du droit consiste autant dans la réfutation des faux principes, que dans la connaissance des véritables. »

Il faut donc indiquer ici le principe des erreurs qui se sont produites à l'occasion des actes de commerce ; ramener ces erreurs à quelques idées communes, d'où elles procèdent, et montrer que ces idées sont justes.

La difficulté de cette réfutation est dans l'incertitude des faux principes eux-mêmes, qui ne se montrent que par leurs conséquences et leurs applications.

CHAPITRE IV.

Théorie de l'accessoire.

Pour faciliter ce travail, qui doit être le complément de cette étude, il faut selon nous ramener à deux les faux principes sur lesquels se fondent les théories que nous entendons combattre.

Parmi les actes qui sont selon nous mal à propos qualifiés actes de commerce, il faut faire deux catégories. Dans la première, nous classerons un certain nombre d'actes qui n'ont aucun caractère commercial, et qui ne doivent produire aucun effet commercial ; dans la seconde nous classerons des actes auxquels nous reconnaîtrons un caractère commercial, sans toutefois les qualifier d'actes de commerce, et leur reconnaître l'efficacité attribuée par la loi aux actes de commerce.

Il faut ranger dans la première catégorie les actes que l'on déclare actes des commerce en se fondant sur une théorie particulière, que nous indiquerons sous le nom de « théorie accessoire, » et qu'il faut faire connaître.

Au titre de la vente, art. 1615 la loi dit : « l'obligation de déclarer la chose comprend ses accessoires et tout ce qui a été destiné à son usage perpétuel. »

Au même titre, art. 1692, la loi répète : « la vente ou cession d'une créance comprend les accessoires de la créance, tels que caution, privilége ou hypothèque. »

Ces deux dispositions qui auraient plutôt leur place dans un traité sur l'interprétation des conventions privées que dans une loi positive, ont été empruntées aux ouvrages des légistes et sont la traduction d'un brocard, en usage dans les écoles, et qui formulait une règle d'interprétation « *accessorium sequitur principale.* »

La personnalité des choses n'est pas aussi facile à établir

que celle des personnes, et encore la personnification des personnes morales offre-t-elle des difficultés que tout le monde connaît. Le brocard *accessorium sequitur principale* avait pour objet d'aider à la détermination, à la spécification, à la personnification des choses.

C'est de cette idée très-simple que les auteurs ont prétendu faire un principe non-plus pour l'interprétation des volontés privées, mais pour l'interprétation de la volonté du législateur.

Établissant entre les faits distincts une corrélation de raison, les jurisconsultes ont prétendu rattacher certains faits accessoires à certains faits principaux, puis, ce premier travail accompli, ils ont supposé que ce que la volonté du législateur avait statué à l'égard du fait principal devait s'étendre au fait accessoire : puis bientôt, par le progrès d'une erreur que rien n'arrêtait, et dont on n'avait pas la conscience, les esprits ont rattaché peu à peu des faits étrangers, distincts, sans aucun rapport, ont créé des relations plus ou moins imaginaires entre ces faits, et ont, au delà de toutes les limites, poussé l'application de la règle que l'accessoire suit le principal, comme si cette règle était un de ces grands principes de morale qui n'ont pas besoin d'être formulés.

On a d'abord établi qu'un acte était l'accessoire d'un autre quand le second était la cause nécessaire, ou l'effet nécessaire du second; dans ce cas le rapport semblait intime et essentiel. On a fait ensuite un pas de plus; on a établi qu'un acte était l'accessoire d'un autre quand le premier se produisait à l'occasion, à propos du second, pour faciliter, hâter le second; enfin on a été jusqu'à déclarer qu'il y avait rapport d'accessoire à principal toutes les fois que deux actes se rattachaient par la plus petite circonstance.

Sans doute ces trois phrases de l'erreur ne se sont pas définies. Mais ce développement d'une erreur première peut se suivre dans la suite des arrêts et des auteurs par une déduction en quelque sorte nécessaire.

Cette théorie de l'accessoire est formulée dans les auteurs, explicitement chez quelques uns, implicite et complète chez la plupart.

« Pour que la revente d'une chose achetée attribue la qualité d'acte de commerce à l'achat qui la précédée, dit M. Pardessus, il faut qu'elle soit principale : elle n'a pas ce caractère lorsqu'elle n'a lieu que comme accessoire de choses qui n'ont pas été achetées. » (Traité du droit commercial t. 1 p. 13 n° 13). Parlant de la classification des actes de commerce, M. Molinier s'exprime ainsi « souvent dans les questions de cette nature
« nous nous verrons forcé d'avoir recours à l'application de ce
« principe rationnel que l'accessoire doit être soumis à la même
« règle que le principal » (t. 1 n° 21).

Un jugement du tribunal d'Arras du 21 juin 1860 déclare d'une manière très-formelle que tous les actes qui sont une conséquence naturelle et nécessaire d'une entreprise commerciale sont des actes de commerce, en vertu de la règle *accessorium sequitur principale*. (*Moniteur des Tribunaux*, 1860 p. 390).

Cette idée est-elle juste, ne l'est-elle pas? La règle *accessorium sequitur principale* doit-elle être retenue ici et appliquée?

La raison logique de la repousser est l'esprit général de la loi. La loi pour distinguer les actes de commerce s'est attachée aux caractères essentiels de ces actes, non à leurs caractères accidentels, contingents, extrinsèques; elle a considéré la nature des faits, non les circonstances au milieu desquelles ils s'accomplissaient. Or qu'un acte soit l'accessoire d'un autre acte, principal à son égard, c'est là un accident, une circonstance extrinsèque; ce n'est pas un caractère naturel, essentiel, nécessaire. Il est donc contraire aux principes généraux, à l'esprit de la loi, d'introduire cette distinction entre les actes accessoires et les actes non accessoires, et d'en mêler les applications à la détermination des actes de commerce.

La raison de repousser la théorie de l'accessoire est en outre dans les termes de la loi même. L'art. 631, éclairé par la discussion et les travaux préparatoires, n'attribue pas le caractère d'acte de commerce à la vente des marchandises par le producteur, mais seulement à l'achat par l'intermédiaire. Ce point, qui ne peut être contesté, condamne la théorie de l'accessoire. Il n'est pas possible de concevoir l'achat sans la vente ; les deux faits se tiennent par la plus intime, la plus profonde des corrélations ; on pourrait dire, en quelque sorte, que l'achat et la vente ne sont que les deux faces d'un même acte ; la loi cependant a séparé, distingué ; elle a reconnu à l'achat le caractère d'acte de commerce, mais elle a refusé ce caractère à la vente.

Ce n'est pas seulement dans l'art. 631, dans le choix du mot *achat*, dans les travaux qui ont préparé le code de commerce qu'il faut chercher la condamnation de la théorie de l'accessoire : elle est dans l'art. 638 ; cet article déclare expressément à l'occasion d'un acte se liant, d'une manière intime à l'acte de commerce, que le premier n'est pas acte de commerce. Le propriétaire qui vend les productions de son fond, ou qui les transporte dans un marché ou dans une place de commerce pour en accélérer le débit, fait « un acte relatif au négoce, en ce sens qu'il alimente le commerce par la vente de ses denrées. » Ce sont les expressions mêmes du tribunal d'appel d'Aix, dans ses observations sur le projet de code de commerce. Peut-on dire cependant que le propriétaire fasse acte de commerce ? la loi s'y oppose par l'art. 638. Si donc, en ce qui concerne l'un des accessoires les plus intimes de l'acte de commerce, l'un des faits les plus intimement relatifs au négoce, la loi a déclaré que la commercialité ne s'étendait pas jusqu'à ce fait, comment l'étendre quand il s'agit de fait dont la relation avec le commerce est accidentelle et éloignée ?

Qu'on le remarque ! la loi a sagement repoussé la théorie de l'accessoire. Cette théorie n'offre, pour déterminer les actes de commerce, qu'un caractère incertain et dont la détermination donnerait naissance à une suite infinie de controverses. Comment distinguer ce qui est accessoire de ce qui ne l'est pas ? Veut-on un exemple des incertitudes auxquelles donne lieu la théorie de l'accessoire? Quand l'engagement d'un commerce a-t-il un caractère commercial?

Les uns disent :

Un engagement pris par un commerçant n'a un caractère commercial qu'autant qu'il est relatif à l'objet direct, principal de son commerce.

C'est la doctrine de nombreux arrêts :

Le cour de Rouen déclarait, par arrêt du 28 novembre 1856, qu'il ne suffit pas que les engagements, dont l'exécution est demandée à un commerçant, soient avantageux pour l'exploitation de son industrie, mais qu'il faut qu'ils soient l'objet droit de son commerce. (Caille et Douvrandelle — *Recueil des arrêts de Rouen*, 1851, p. 61, 2ᵉ livraison.)

Les autres répondent :

Un engagement pris par un commerçant a un caractère commercial quand il porte sur des objets qui, sans entrer directement dans le commerce, en constituent un accessoire naturel.

C'est la doctrine des arrêts suivants :

1ᵉʳ Décembre 1851. Cassation, Sirey, 1852, 1. 23 ;

11 Avril 1854. Cassation, Sirey, 1854, 1. 300 ;

25 Janvier 1858. Rouen, *Recueil des arrêts de Rouen*, 1858, p. 87 ;

29 Mai 1860. Rouen, *Moniteur des Tribunaux*, 1860, p. 349 ;

30 Avril 1860. Douai, Lahausse et Windsor, *Moniteur des Tribunaux*. Table, p. 738.

Les caractères d'un acte ne doivent jamais être cherchés dans des circonstances d'accident, parce que ces circonstances varient à l'infini, et ne suivent pas de règle ; ils doivent être cherchés dans la nature même et dans le fond essentiel de l'acte, parce que cette nature est invariable, et ce fond ne change pas. La théorie de l'accessoire méconnaît trop ouvertement ce principe pour qu'elle ait pu séduire la raison du législateur.

Le tribunal de cassation, dans ses observations sur la projet du code de commerce, repoussait déjà cette fausse théorie de l'accessoire.

L'art. 631, qui, dans le projet était l'art. 3, se trouvait ainsi conçu :

« Sont réputés faits de commerce tous actes *relatifs au tra-*
« *fic* et négoce de denrées et marchandises. »

Cette rédaction eût été très-favorable à la théorie de l'accessoire. Le tribunal de cassation en fit la remarque. « L'achat
« par le consommateur, disaient les observateurs de ce tri-
« bunal, chez le marchand est un acte relatif au trafic et au
« négoce de ce marchand ; cependant l'achat par le consom-
« mateur n'est pas un acte de négoce. Ne serait-il pas plus
« simple et plus exact de dire : sont réputés faits de commerce,
« tous actes de trafic et négoce de denrées et marchandises ? »

Le tribunal d'Aix, disait avec une grande force : « Par cela même qu'un fait n'est que relatif au commerce, il ne peut pas être le commerce même. Le terme de la relation ne fut jamais la chose même qui s'y réfère. »

Le tribunal de Paul lui semblait lui aussi repousser la théorie de l'accessoire quand dans ses observations il s'exprimait ainsi « *tous actes relatifs*. Ne pourrait-on pas abuser de cette
« expression pour faire envisager comme faits de commerce
« une foule d'actes qui, quoique relatifs aux opérations des
« négociants, ne sont pas néanmoins des actes de trafic et de
« négoce. »

Ces observations faites, le meilleur moyen de condamner la théorie de l'accessoire, nous paraît être de l'étudier dans quelques-unes de ses conséquences.

L'achat par un acte ou d'une machine, d'un outil pour l'exercice de son métier est-il un acte de commerce ?

La réponse doit être manifestement négative. L'entremise fait ici absolument défaut. L'artisan ne revend pas l'outil ; il s'en sert pour travailler ; il en consomme l'usage.

L'art. 4 de l'ordonnance de 1673 était ainsi conçu :

« Les juges et consuls connaîtront des différends pour ventes faites par des marchands, artisans et gens de métier afin de revendre ou de travailler de leur profession, comme à tailleurs d'habits pour étoffes, passements et autres fournitures; boulangers et pâtissiers pour blé et farine, maçon pour pierre, moellon et plâtre ; charpentiers, menuisiers, charrons, tonneliers et tourneurs pour bois, serruriers, maréchaux, taillandiers et armuriers pour fer, plombiers et fonteniers pour plombs et autres semblables. »

Cet article donna lieu à une certaine difficulté; il ne distinguait pas assez nettement l'achat des outils, qui n'est pas acte de commerce, de l'achat des matières premières qui est acte de commerce.

Jousse était très-explicite sur ce point :

« Une vente de pierres ou de bois faites à un meunier pour la construction d'un moulin n'est point de la compétence des juges consuls parce que ces pierres ou ces bois ne sont pas destinés à être employés aux ouvrages qui sont de la profession de ce meunier, quoique ces choses lui soient fournies pour l'usage de son moulin. Il en est de même des meubles et autres fournitures semblables ; autrement il faudrait dire que la vente même d'un moulin, faite par un meunier ou autre personne à un autre meunier, ou celle d'un étal faite par un boucher à un autre boucher, serait de la compétence des juges consuls, ce qui est absurde. Par la même raison, la vente d'un métier à bas faite à un bonnetier, est une vente ordinaire faite pour l'usage de l'ouvrier seulement, et non à fin de revendre, et par conséquent elle n'est point de la compétence des juges consuls, comme le seraient des ventes de laines faites au même ouvrier, parce qu'alors ces laines sont destinées à être converties en ouvrage de sa profession. »

Au contraire, en ce qui concerne l'achat fait par un ouvrier de la matière qu'il doit travailler de sa profession, cet achat, d'après Jousse, est certainement acte de commerce. « Ces ouvrages, dit Jousse, venant à être vendus par ces ouvriers, c'est une espèce de revente qu'ils font des choses qui leur ont été vendues avec cette différence seulement qu'elles ont changé de nature, d'où il suit que les ventes faites par des marchands à des artisans de choses qui ne doivent pas être employées ou converties en ouvrages de leur profession ne sont point de la compétence des juges consuls, *quand même les choses vendues seraient* pour l'usage de la profession de celui qui les achète. »

Malgré le commentaire de Jousse, il faut reconnaître que l'art. 4, de l'ordonnance n'était pas très-clair. Ces mots de l'ordonnance « ventes faites..... afin de travailler de leur profession, » pouvaient causer quelques doutes, c'est la remarque faite par M. Bécanne (*Commentaire de l'ordonnance du commerce*, p. 186). Par exemple on pouvait soutenir que le métier vendu au bonnetier lui servait *à travailler de sa profession.*

Le législateur de 1807 a supprimé du § 2 de l'art. 632 ces expressions sujettes à difficultés qui se trouvaient dans l'art. 4 de l'ordonnance. Il est évident que pour le bonnetier, ces outils ne sont pas achetés par celui qui veut s'en servir *pour les revendre, ni en nature, ni après les avoir mis en œuvre.*

L'achat par un artisan d'un outil pour l'exercice de son métier n'est donc pas un acte de commerce, ni par l'esprit, la raison de la loi, ni par les termes de l'art. 631.

C'est la solution très-juste de la jurisprudence qui décide qu'il n'y a pas acte de commerce

1° Dans l'achat fait par un manufacturier de quinquets et lampes pour l'éclairage de ses ateliers, (6 août 1822, Rouen, D. P. 1826, 2, 147);

2° Dans l'achat fait par un serrurier, de charbon pour l'exploitation de son atelier. (28 novembre 1815, Bruxelles, D. P., 1, 638.)

Comment a-t-on pu s'écarter des principes aussi sûrs? C'est au moyen de la théorie de l'accessoire que l'on est parvenu à faire de cet acte civil de soi un acte de commerce.

L'artisan n'achète l'outil que pour travailler ; l'outil est donc l'accessoire de son travail.

C'est le raisonnement sur lequel se fonde la jurisprudence qui décide que l'on doit voir des actes de commerce dans :

1° L'achat d'une voiture par un commis voyageur pour le transport de ses marchandises ;

2° L'achat des lattes nécessaires à la couverture d'une usine.

3° La commande par un aubergiste, de peinture dans les différentes salles de son auberge ;

4° L'achat d'un cheval pour l'exploitation d'un commerce, l'achat de foin pour la nourriture d'un cheval nécessaire à l'exploitation d'un commerce ;

5° Le bail par un commerçant d'objets mobiliers formant un matériel industriel destiné à l'exploitation d'une usine ;

6° La vente d'un matériel hors de service par un commerçant à un autre commerçant. (*Moniteur des Tribunaux*, 1860, 390.)

L'achat d'un fonds de commerce, sans intention de revendre, constitue-t-il un acte de commerce ?

Avant d'examiner comment les défenseurs de la théorie de l'accessoire ont appliqué à la solution de cette question les conséquences de leur théorie, il importe que nous indiquions nous-même quelle solution elle doit recevoir ; cette solution doit être, selon nous, recherchée dans l'analyse exacte de l'idée d'un fonds de commerce.

Qu'est-ce qu'un *fonds de commerce ?*

L'élément essentiel, constitutif d'un fonds de commerce, c'est cet ensemble d'avantages qui résulte pour la gestion, l'exploitation d'un commerce, du nom de celui qui l'a exploité, de sa notoriété, de sa réputation ; on désigne quelquefois cet ensemble d'avantages par les mots *clientèle, achalandage, pas de porte.*

Cour de Paris (19 novembre 1824. D. P. 1825, II, 92. — Rouen, 9 juin 1828. D. P. 1838. II, 102. — Paris, 29 thermidor an IX. — Bordeaux, 15 mai 1829. — Rouen, 14 juillet 1843. — Cassation, 14 janvier 1845. Sirey. 30. II. 15. — 43 — II. 519 — 45. I, 380. Troplong. Vente. I. p. 412. n° 523, 5°.)

Ordinairement, et par la nature même de l'opération, l'achat d'un fonds de commerce comprend l'achat des marchandises qui le garnissent, et la cession du droit au bail des lieux dans lesquels le commerce est exploité ; mais il faut remarquer que ces deux circonstances, l'achat des marchandises, et du droit au bail ne sont pas nécessaires, substantielles : ce sont les accessoires ordinaires du fonds de commerce. Rien de plus.

Il peut y avoir vente d'un fonds de commerce sans qu'il y ait vente de marchandises, et vente des marchandises ayant constitué le fonds sans qu'il y ait vente du fonds lui-même.

Ces idées étant bien établies, y aurait-il acte de commerce dans l'achat d'un fonds de commerce, achat fait par une personne avec intention d'exploiter ce fonds.

Nullement : il y a peut-être spéculation dans cet achat; mais il n'y a pas fait d'entremise, puisque nous supposons que la personne a l'intention non de revendre le fonds, mais de l'exploiter. Les marchandises sont-elles achetées avec le fonds lui-même ? nous dirons ici ce que nous avons dit plus haut à l'égard des tonneaux du vigneron, des toiles du peintre, du papier de l'écrivain : ce n'est pas sur l'achat et la revente des marchandises que porte dans cette circonstance la spéculation : il y a entremise, achat des marchandises avec intention de revendre au public ; mais ce n'est pas sur cette entremise que compte gagner l'acheteur du fonds de commerce ; c'est sur le fonds qu'il espère s'appuyer pour gagner de l'argent. La spéculation porte sur le fonds, et l'entremise sur les marchandises. C'est pour cette raison que l'achat d'un fonds de commerce ne nous paraît pas être un acte de commerce.

C'est ce que décident :

Paris, 23 avril 1828. D. P. 1828. II. 139.

Paris, 12 mars 1829, D. P. 29. II. 196.

Paris, 19 novembre 1830. D. P. 31. II. 78.

Paris, 2 août 1832. D. P. 33. II. 17.

Paris, 13 novembre 1832. D. P. 33. II. 132.

Paris, 18 août 1834. D. P. 40. II. 181.

Paris, 2 janvier 1843. D. P. 43. II 77.

Paris, 5 juillet 1844. D. P. 44. IV. 7.

Paris, 2 janvier 1860. D. P. 62. II. 256.

Cassation. Ch. des requêtes, 24 janvier 1861. D. P. 1862. II. 256.

Notre opinion exposée, examinons le fondement de l'opinion

de ceux qui voyent dans l'achat d'un fonds de commerce un acte de commerce.

Exploiter un fonds de commerce est un fait de commerce : c'est un point certain. C'est là le fait principal : mais pour celui qui exploite un fonds de commerce, après l'avoir acheté, l'achat du fonds a été le moyen d'exploiter, le premier acte en quelque sorte de l'exploitation. Les opérations d'exploitation sont le principal, mais l'achat du fonds est une opération accessoire, indispensable.

Or, disent les auteurs et les arrêts que nous combattons, l'accessoire doit suivre le principal : l'achat du fonds, opération accessoire, doit suivre le sort de l'exploitation elle-même, opération principale. L'exploitation est un fait de commerce : l'achat du fonds doit être un acte de commerce.

C'est cette argumentation qui a triomphé dans une suite d'arrêts, dont nous ne rapportons que les principaux en citant les arrêts suivants :

Nimes, 27 mai 1829. D. P. 30. II. 270.
Paris, 11 août 1829. D. P. 30. II. 23.
Paris (2ᵉ ch.), 7 août 1832. D. P. 33. II. 132.
Paris, 12 avril 1834. D. P. 34. II. 156.
Caen, 28 décembre 1840. D. P. 41. II. 96.
Paris, 18 novembre 1842. D. P. 43. IV. 10.
Orléans, 20 décembre 1842. D. P. 43. IV. 9.
Rouen, 13 septembre 1844.
Bourges, 24 avril 1843. D. P. 47. IV. 6.
Bordeaux, 14 novembre 1848. D. P. 49. II. 118.
Paris, 12 novembre 1849. D. P. 50. V. 8.
Paris, 20 juin 1849. D. P. 50. V, 9.
Dijon, 16 mai 1859. D. P. 57. V. 9.

Cette jurisprudence nous paraît erronée parce qu'elle repose sur une application d'un principe faux : l'accessoire suit le principal. Mais en acceptant même ce principe, il nous semble que cette jurisprudence serait difficile à justifier. L'achat d'un fonds de commerce n'est pas en effet l'accessoire de l'exploitation. On peut très-bien acheter un fonds de commerce dans l'intention de le supprimer, et d'autre part on peut très-bien exploiter un fonds de commerce que l'on n'a pas acheté, mais que l'on a créé par son industrie, ou reçu en donation.

La cession d'une entreprise constitue-t-elle un acte de commerce ?

Cette question doit se résoudre par les mêmes arguments que la question relative à la cession d'un fonds de commerce, « L'entrepreneur, en cédant son entreprise, dit M. Cardot (*Revue du droit commercial*, avril 1864, p. 191), accomplit le dernier acte de sa vie d'entrepreneur comme le marchand, en cédant son fonds, accomplit le dernier acte de sa vie de marchand. Si l'opération de l'un est commerciale, il en est de même de celle de l'autre, car tous deux sont commerçants, et l'entreprise est pour l'un ce que le fonds de commerce est pour l'autre; à l'inverse, celui qui devient cessionnaire d'une entreprise, avec l'intention de l'exploiter, commence à vivre de sa vie d'entrepreneur, comme celui qui achète un fonds de commerce, accomplit, en l'achetant avec l'intention de l'exploiter, le premier des actes de son existence de marchand. L'analogie est complète, et si la spéculation est commerciale dans un cas, elle doit l'être dans l'autre. » M. Cardot a parfaitement raison, mais il doit reconnaître que si l'on décide que la cession d'un fonds de commerce n'est pas un acte de commerce, on doit décider de même que l'acquisition d'une entreprise n'est pas fait de commerce.

La cession d'un brevet constitue-t-elle un acte de commerce ?

Ceux qui prétendent que la cession d'un fonds de commerce et d'une entreprise sont des actes de commerce, devraient également soutenir que la cession d'un brevet est un acte de commerce.

Cette opinion, quand elle s'est présentée devant les tribunaux, a été repoussée. « Il importe peu, disait la cour de Paris dans un arrêt du 16 novembre 1852 (Teulet, 1853, n° 438), que X. ait acheté le brevet dont il s'agit au procès pour en faire ultérieurement la matière d'une exploitation commerciale; la destination industrielle qui peut être donnée par le fait de l'acheteur ne change pas la nature de l'acte au regard du vendeur qui n'a fait qu'une vente civile; en sa qualité de non-commerçant, le propriétaire qui vend à un commerçant le produit de ses récoltes, ne fait pas un acte de commerce, bien que la chose achetée dut ensuite être vendue ou livrée à l'exploitation commerciale par l'acheteur. »

Ces considérations de l'arrêt de la cour de Paris, nous paraissent excellentes.

Le mandat de faire un acte de commerce pour le compte du mandant est-il un acte de commerce?

Ici encore c'est la théorie de l'accessoire qui s'est chargée de conserver l'affirmative.

Le mandat de soi, et dans son essence, ne peut être un acte de commerce, parce que s'il peut être, s'il est généralement un acte d'entremise, il n'est pas, il ne peut être un acte de spéculation ; mais un mandat peut intervenir dans une opération commerciale. Une personne peut donner à une autre personne mandat de faire un acte de commerce? Dans ce cas, l'acte du mandataire est l'instrument de l'opération, le résultat de la volonté commerciale du mandant, l'accessoire de l'acte de commerce. Il n'en faut pas davantage pour que les partisants de la théorie de l'accessoire fassent de ce mandat un acte de commerce, mais leur raisonnement est pour nous l'application d'un principe faux.

Le fait par un acteur de prendre à l'égard d'un directeur de spectacle un engagement est-il un acte de commerce?

La loi a réputé acte de commerce une entreprise de théâtre public. Rien de plus juste : le directeur loue la salle de spectacle pour la sous-louer en détail au public, il se procure des acteurs, et procure au public le plaisir de les regarder, de les voir jouer. Il y a entremise, il y a spéculation, il devait donc y avoir fait de commerce.

Mais l'acteur fait-il acte d'entremise? Nullement.

On ne conçoit même pas que la question ait pu s'élever. Le

propriétaire qui vend ses récoltes au marchand de blés, le portefaix qui loue sa force et son travail au voyageur, ne font pas acte de commerce.

Dira-t-on qu'il y concours donné par l'acteur à l'entreprise du théâtre?

Il y a concours, mais il est manifeste que ce concours, avec le caractère qu'il a, ne peut constituer la coopération qui rendrait l'acteur auteur de l'entreprise, « L'acteur, dit très-bien M. Vieu (*Revue du droit commercial*, 1864, août, p. 68) est évidemment désintéressé dans le résultat pécuniaire de l'entreprise ; que le spectacle auquel il concourt ait ou non du succès, ses appointements n'en subiront aucune modification ; il n'a aucune chance de perte ou de gain. Sa position reste toujours la même. »

Comment donc donner un caractère commercial à l'engagement de l'acteur?

C'est encore au moyen de la théorie de l'accessoire.

S'il n'y avait pas d'acteurs, il n'y aurait pas de spectacle ; l'acteur est donc l'accessoire naturel, nécessaire de l'entreprise de spectacle ; l'engagement de l'acteur, à l'égard du directeur de spectacle, est un engagement commercial.

Cette conséquence bizarre heurte les idées, n'est consacrée par aucune disposition de loi. Peu importe! elle est soutenue par la théorie de l'accessoire, cela suffit.

Un auteur, à l'occasion de la question des engagements de l'acteur, a fort bien fait remarquer jusqu'où conduirait l'application logique de la théorie de l'accessoire.

« Il y a quelques années, continue M. Vial, un industriel avait eu l'idée d'embarquer des jeunes gens et de leur faire faire le tour du monde, afin de compléter leur éducation. Supposons qu'un professeur s'attache à cette entreprise pour donner des leçons et qu'il fasse le voyage moyennant des appointements fixes et sans prendre part au résultat pécuniaire de l'opération. Il aura bien donné son concours à une œuvre commerciale, aura-t-il fait un acte de commerce? Personne n'oserait répondre affirmativement ; il a loué son talent, son travail, et voilà tout... La compagnie des bateaux transatlantiques place à bord de ses navires, un médecin auquel elle donne des appointements fixes. Ce médecin est parfaitement désintéressé dans le résultat final de l'entreprise. Fait-il un acte de commerce en consacrant son savoir et ses soins au succès d'une opération commerciale et industrielle? Il n'est pas plus possible de répondre affirmativement dans ce cas que dans l'autre. »

CHAPITRE V

Différence des actes de commerce et des actes ayant les caractères d'actes de commerce.

Dans la première catégorie, nous venons de voir des actes qualifiés actes de commerce, quoiqu'ils n'eussent aucun caractère commercial, par l'application d'un faux principe. Il reste à voir dans une seconde catégorie des actes qui ont quelques-uns des effets des actes de commerce, mais qui ne peuvent être que par un abus qualifiés actes de commerce.

De ce qu'un acte est acte de commerce, il est résulté deux conséquences pratiques : la première est 1° de soumettre l'appréciation de cet acte aux tribunaux de commerce ; 2° d'assujettir celui qui s'y livre à la contrainte par corps. S'ensuit-il que toutes les fois qu'un acte est soumis à la contrainte par corps et à la compétence commerciale, cet acte soit un acte de commerce ?

Il n'y aurait pas de manière de raisonner plus fausse. Que l'on s'attache aux caractères d'un acte pour en connaître les effets, rien de plus naturel ; mais que, par un procédé tout contraire, on s'attache aux effets de l'acte pour en connaître les caractères, c'est ce qui n'est pas en bonne logique admissible.

Il faut donc déclarer qu'un acte n'est pas acte de commerce par cela seul que l'appréciation de cet acte est de la compétence des tribunaux de commerce, et que l'exécution des engagements résultant de cet acte est garantie par la contrainte par corps.

Il importe de donner des exemples : 1° Un acte n'est pas un acte de commerce par la raison que la contrainte par corps y est attaché.

Le stellionataire est soumis, à raison de son stellionat, à la contrainte par corps. Personne ne prétendrait cependant soutenir qu'un stellionat est un acte de commerce.

2° Un acte n'est pas un acte de commerce par la raison qu'il est soumis à l'appréciation du tribunal de commerce.

Le fait, par un non-commerçant, de souscrire un billet à ordre au profit d'un commerçant qui lui même l'endosse au profit d'autre négociant n'est pas un acte de commerce. Néanmoins, il n'est pas douteux que le souscripteur de ce billet ne soit soumis à la compétence commerciale (D. P. 49. 2. 209).

Mais si les deux effets se trouvent réunis, si l'acte est soumis à la compétence commerciale et entraîne la contrainte par corps, ne sera-ce pas un acte de commerce?

Le donneur d'aval est justiciable du tribunal de commerce, et soumis à la contrainte par corps. C'est là une des dispositions de l'art. 142 du code de commerce. D'après le second alinéa de cet article le donneur d'aval est tenu solidairement et par les mêmes voies que les tireurs et endosseurs.

S'ensuit-il que l'aval soit un acte de commerce? Nullement; un aval est un cautionnement *sui-generis*, et le cautionnement 1° n'est pas une spéculation, et 2° ne saurait, sans une certaine difficulté, être considéré comme un fait d'entremise. Aussi l'arrêt de la Cour de Riom, du 20 juin 1849 (D. P. 1850, 2.43), tout en décidant que le non-commerçant qui garantit, par un aval, le payement d'une lettre de change est soumis à la contrainte par corps, ne décide pas que cette garantie constitue un acte de commerce.

Une controverse assez vive s'est élevée à l'occasion de l'aval donné à un billet à ordre par un non-commerçant.

On s'est demandé : 1° Quand l'aval est donné à un billet à ordre, s'il rend le donneur d'aval justiciable du tribunal de commerce.

Ce premier point ne fait aucune difficulté.

Mais on s'est demandé ce qui est plus délicat, si le donneur d'aval est, dans ce cas, soumis à la contrainte par corps.

La raison de douter est dans l'art. 187.

Cet article renvoie, pour la définition des règles relatives à l'aval des billets à ordre, à l'ensemble des dispositions relatives à la lettre de change. Or, le donneur d'aval, dans le cas de lettre de change, est contraignable par corps.

(Cass., ch. des requêtes, 3 mars 1845; 4 novembre 1845 (D.P.45.1.192 et 426).

Rennes, 7 mars 1845. D.P.45.4.472.

Poitiers, 16 décembre 1847. D.P.48.2.108.

Paris, 11 juin 1849. D.P.49.2.206.)

Mais cette raison ne nous paraît avoir rien de décisif.

Le renvoi fait par l'art. 187 pour le billet à ordre à l'ensemble des dispositions relatives à la lettre de change, est une disposition purement générale, dont l'application et l'étendue ont pu être modifiées par des dispositions spéciales. C'est ainsi qu'une modification résulte formellement des art. 636, 637 du code de commerce, art. 3 de la loi du 22 avril 1832, et que l'art. 187 réserve spécialement l'effet de cette modification.

On peut ajouter que l'aval ne saurait avoir plus d'effet que l'endossement, et qu'il est reconnu que l'endosseur d'un billet à ordre n'est pas contraignable par corps. (Bordeaux, 17 mars 1845, D. P., 45. 4. 175. ; Rouen, 19 décembre 1846, D. P., 49. 2. 208. ; Caen, 24 janvier 1848, D. P., 49. 2. 192. ; Amiens, 15 juin 1855, D. P., 2. 326.)

Mais quelle que soit l'opinion adoptée, et quand même on admettrait que l'aval donné à un billet à ordre rendît justiciable du tribunal de commerce et contraignable, on ne saurait en conclure que l'aval fût pour cela un acte de commerce.

C'est ce qu'indique très-bien l'arrêt de la Cour de Paris du 11 juin 1849 (D. P., 1849, 2. 206.), qui déclare qu'en soi l'aval n'est pas un acte de commerce.

Il suit de ce que nous venons de dire qu'il faut distinguer les *actes de commerce* des actes *commerciaux*, des actes relatifs au *commerce*, des *actes en matière de commerce*.

Cette distinction est capitale selon nous. C'est pour l'avoir quelquefois négligée que la matière que nous étudions a été souvent obscurcie. et a paru à quelques esprits si difficile.

Il importe tout d'abord de prouver que cette distinction est légitime, qu'elle est dans la loi et dans la volonté du législateur.

La loi, dans l'art. 631, porte que « les tribunaux de commerce connaîtront de toutes contestations relatives aux engagements entre négociants, marchands et banquiers. »

A la première lecture de cette disposition, il semble qu'on doive conclure des termes dans lesquels elle est formulée, que la juridiction commerciale constitue la juridiction ordinaire, le droit commun entre négociants, marchands et banquiers. « Cette conclusion serait, dit M. Desjardins, de l'aveu de tout le monde, diamétralement opposée à l'esprit de la loi. Les commerçants, en dehors du commerce, sont sous l'empire de la législation civile. La vente d'une maison de campagne à un commerçant, fût-elle faite par un autre commerçant, est une vente civile à laquelle s'appliquent les art. 1582 et suivants du code civil. Entre deux commerçants, le partage d'une succession aura lieu d'après les règles du code civil, »

Mais ici commence une difficulté.

S'il ne faut entendre qu'avec la restriction que l'on vient d'indiquer l'art. 631 § 1, quelle est la portée de cette restriction?

Ici, deux systèmes peuvent se produire. Dans l'un, on peut soutenir que les contestations entre négociants ne sont soumises aux tribunaux de commerce que si elles s'élèvent à l'occasion d'actes de commerce. Dans l'autre, on peut soutenir que les contestations entre négociants doivent être soumises aux tribunaux de commerce si elles s'élèvent à l'occasion d'actes qui, sans être des actes de commerce, ont un caractère commercial.

Dans le premier de ces deux systèmes, on soutient que les commerçants ne sont justiciables des tribunaux de commerce que si l'acte qui est intervenu entre eux est un acte de commerce?

C'est le système que M. Desjardins a présenté dans un article publié par la *Revue critique* en mars 1864, p. 220.

Les motifs sur lesquels ce système repose sont fort graves.

On commence par établir que la juridiction commerciale est une juridiction exceptionnelle. On en conclut que « les actes faits par les commerçants eux-mêmes ne relèvent des tribunaux de commerce que si la connaissance en est formellement attribuée à ceux-ci. »

Ce premier point établi, on analyse la distinction des actes civils et des actes de commerce.

Les transactions de tout genre que les citoyens peuvent conclure entre eux sont divisées par le législateur en deux grandes catégories, celle des actes civils et celle des actes commerciaux. Tout fait qui ne rentre pas dans l'une, rentre nécessairement dans l'autre. Bien plus, de ces deux classes, l'une forme le droit commun, l'autre ne constitue qu'une exception. C'est donc à la première, celle des actes civils, qu'il faut rattacher tous les faits sur lesquels peuvent s'élever quelques doutes, ou, pour mieux dire, ceux que le législateur n'a pas expressément rattachés à la seconde. Si les tribunaux civils forment la juridiction de droit commun pour les commerçants comme pour les non-commerçants, ils doivent évidemment connaître de tous les actes civils faits pour les premiers comme pour les seconds. Le législateur ne soumet aux tribunaux de commerce que les actes de commerce faits par les uns ou par les autres.

Mais comment établir que tout acte qui n'est pas civil est acte de commerce, et que tout acte qui n'est pas acte de commerce est acte civil ? Rien ne paraît plus simple aux défenseurs de ce système. La qualification d'acte de commerce tient à la nature même de l'acte. C'est ce qui est démontré à la seule lecture des deux articles 632 et 633. Le rédacteur de ces articles considère les faits eux-mêmes. Or, un acte ne peut avoir que l'une de ces deux natures ; être par sa nature, civil ; ou être commercial.

Les conséquences de ce système bouleverseraient toute la jurisprudence. Les cours et les tribunaux n'ont cessé de reconnaître, depuis soixante ans, la compétence de la juridiction commerciale pour une foule d'actes qui ne sont pas, de leur nature, *actes de commerce*, et il faut avouer que si on restreignait la compétence de la juridiction commerciale à la connaissance des seuls actes de commerce, on restreindrait ses attributions d'une manière qui surprendrait infiniment les esprits.

Le second système se fonde pour repousser le premier sur une observation qui semble péremptoire.

En effet la loi dans le § 3 de l'art. 631 investit les tribunaux de commerce du jugement des actes de commerce entre toutes personnes. Il est donc impossible de supposer que le § 1er de cet art. ait eu pour objet de n'investir les tribunaux de commerce que du jugement des actes de commerce entre les négociants. Si le § 1er se réduit à attribuer la connaissance des affaires entre négociants relatives aux actes de commerce, il est tout-à-fait inutile, puisque le § 3 attribue à ces tribunaux la connaissance des affaires relatives aux actes de commerce entre toutes personnes.

M. Desjardins prévoyant l'objection l'indique lui-même en ces termes.

Il faut donc admettre que les tribunaux de commerce sont compétents si le procès s'agite entre non commerçants, dès qu'il a pour objet un acte de commerce, si le procès s'agite entre commerçants dès qu'il a pour objet un acte ayant quelque rapport avec le commerce.

Le second système est donc le seul admissible : mais si on l'admet on est forcé de reconnaître qu'à côté des actes de commerce, il y a dans la loi des actes qui ont un caractère commercial sans être cependant des actes de commerce : et que la distinction que nous avons indiquée est légitime.

Une objection se présente cependant.

La distinction entre les actes de commerce et les actes ayant un caractère commercial est, dira-t-on, une distinction inutile, imaginée après coup, pour le besoin d'une théorie, dont il n'existe pas trace dans les travaux préparatoires.

Il faut répondre à ce reproche.

Le tribunal de Bruxelles, dans ses observations sur le projet de code de commerce, avait parfaitement indiqué la distinction entre les actes de commerce proprement dits et les actes produisant quelques uns des effets de la commercialité.

Le projet de code proposait de classer les lettres de change dans les actes de commerce. Le tribunal de Bruxelles ne comprenant pas bien l'idée de l'entremise qui existe dans toute opération de change s'exprimait ainsi, — « une ou deux signatures données sur des lettres de change, billets à ordre ou à domicile par des personnes qui ne font pas le commerce, ou une spéculation isolée suffisent-elles pour assujettir à toutes les obligations prescrites du commerçant, et dont l'inobservance emporte présomption de banqueroute au cas de faillite. Le tribunal a pensé que l'effet de ces actes lorsqu'ils sont faits par des individus non commerçants devait se borner à les soumettre à la juridiction des tribunaux de commerce, et à la contrainte par corps dans les cas où elle peut avoir lieu ! » — Ce passage indique clairement que le tribunal de Bruxelles à côté des actes de commerce comprenait l'existence d'actes dont « l'effet se bornerait à soumettre leurs auteurs à la juridiction consulaire. »

Étant donc reconnu qu'un acte peut produire plusieurs des effets de l'acte de commerce sans être acte de commerce, et la distinction étant faite entre les actes de commerce et les actes commerciaux, voyons les conséquences de ce principe et de cette distinction.

Le prêt fait à un commerçant pour les besoins de son commerce, constitue-t-il un acte de commerce ?

Aucun doute ne peut naître pour nous. Le prêt ne constituant pas une entremise, ne constitue pas un acte de commerce.

Une objection peut être faite : lorsqu'un commerçant emprunte des sommes d'argent, il est toujours censé le faire pour les besoins de son commerce, à moins qu'il n'y ait preuve du contraire. 27 janvier 1857, arrêt de Bourges. (Teulet 1857. 2,233.) 13 novembre 1856, jugement du tribunal de commerce de la Seine. (Teulet, 1857. 2,236.)

Le caractère commercial des emprunts est si manifeste qu'il est admis que le non-commerçant qui prête au commerçant peut stipuler un intérêt de 6 pour 100.

C'est précisément à cette objection qu'il faut répondre par la distinction entre les actes de commerce et les actes commerciaux : mais la preuve que cette distinction elle-même est admise, c'est que l'on ne conteste pas que celui qui prête à 6 pour 100 au commerce ne perde pas pour cela sa qualité de non-commerçant. C'est que personne ne soutient que le préteur devienne jamais commerçant, par le seul fait, si répété qu'il soit, de prêter à 6 pour 100 au commerce.

Une autre objection sera faite : « le tribunal de commerce est compétent ; une jurisprudence constante déclare que le prêt, fait de sommes destinées au commerce, est de la compétence du tribunal de commerce. »

Il n'y a pas à nos yeux d'erreur plus complète que celle qui fait le fond de cette objection. Nous allons nous efforcer de la dégager.

Cette question est posée :

Le tribunal de commerce est-il compétent pour connaître de la demande en payement d'une somme empruntée par le débiteur pour une opération commerciale ?

Un premier point est certain selon nous, c'est que le prêt et l'emprunt dans les conditions ordinaires ne sont pas des actes de commerce. — Si l'entrepreneur et le préteur ne sont donc pas commerçants, la contestation ne devra pas être portée devant le tribunal de commerce.

Mais si l'emprunteur est commerçant? dans ce cas à la commercialité des parties se joint cette circonstance que l'acte litigieux, sans constituer un acte de commerce, est relatif aux opérations commerciales. Cette circonstance suffit pour déterminer la compétence du tribunal de commerce.

La réponse à la question doit donc se faire au moyen d'une distinction. Le tribunal sera compétent si l'emprunteur est commerçant; si l'emprunteur n'est pas commerçant, le tribunal de commerce ne sera pas compétent. La décision judiciaire qui interviendra devra donc, pour déclarer la compétence commerciale, se fonder sur deux motifs; d'abord sur ce que l'emprunteur est commerçant, ensuite sur ce que le prêt est fait dans une vue commerciale. Il faut les deux motifs parce qu'il faut les deux conditions.

Que se passe-t-il souvent? c'est que les juges, dans la rédaction de leur décision, ne mentionnent des deux conditions que celle qui était en litige, et, tenant l'autre pour reconnue, n'en font pas mention.

Denis est commerçant : la fille Renaud lui prête une somme pour les besoins de son commerce.

Denis ne rend pas la somme : la fille Renaud l'assigne devant le Tribunal de commerce; il dénie la compétence.

JUGEMENT. — Si le jugement est bien rendu, il devra relever 1° le caractère de commerçant chez Denis ; 2° le caractère du prêt, qui a été fait pour les opérations du commerce de Denis ; et, sur ces deux motifs, il devra se déclarer compétent.

En réalité, les choses ne se passent pas ainsi : le tribunal devant lequel Denis n'a pas contesté qu'il fût commerçant décide : « Attendu qu'il résulte des débats et des documents fournis, que la somme dont le payement est réclamé a été empruntée par le défendeur pour le besoin d'une opération commerciale, retient la cause.

(17 avril 1856, Tribunal de commerce de la Seine. Teulet, 1857, 20. 88.)

Viennent les arrêtistes.

Rien n'indiquant que le tribunal a pris en considération la qualité de négociant de Denis, l'arrêtiste rédigeant le sommaire de l'arrêt le rédige ainsi : « Le Tribunal de commerce « est compétent pour connaître de la demande en payement « d'une somme qui a été empruntée par le débiteur pour les « besoins d'une opération commerciale, » et puis, la décision est classée avec ce sommaire parmi celles qui déterminent les actes de commerce.

Que faire pour démontrer que le juge n'a pas déclaré qu'il y avait acte de commerce, mais qu'il a retenu la cause parce que 1° il s'agissait d'un défendeur commerçant ; et 2° d'un acte ayant un caractère commercial ? Il faudrait rechercher les qualités du jugement, et reconstituer en quelque sorte les faits. C'est une peine que l'on ne prend pas, et l'on aime mieux bâtir une théorie d'après laquelle le prêt d'une somme destinée au commerce est un acte de commerce.

Une recherche persévérante nous a amené à cette conviction que dans les cas où les tribunaux paraissent avoir attribué le caractère d'actes de commerce à des actes qui ne renfermait aucun fait d'entremise, il n'y a qu'à étudier avec soin les faits pour reconnaître que les tribunaux ne se sont pas déclarés compétents, parce que les actes étaient des actes de commerce ; mais, ce qui est bien différent, parce que, d'une part, les parties étaient commerçantes, et que, de l'autre, les actes avaient un caractère commercial.

C'est l'observation que nous croyons devoir faire à propos des décisions suivantes :

28 juillet 1851. Trib. de comm. de la Seine. Sevestre C. Phénix.

28 février 1852. Cour de Paris, même affaire. Teulet.1.1852, n° 57, p. 67.

17 février 1847 (Jobert C. Hédouin). Cour de Caen. Teulet. 1.1852, n° 57.

Il n'y a pas acte de commerce dans les faits sur lesquels ces édcisions ont été rendues.

L'achat, par un commerçant, des outils, instruments, machines utiles à son commerce n'est pas un acte de commerce? Un sieur Talandier, commis voyageur, achète une voiture pour le transport de ses marchandises. Quel est le caractère de cet achat? La Cour de Limoges décide que le marché fait par Talandier, en achetant une voiture, se rattache à l'exercice de cette industrie et que, dès lors, le fait est de la compétence du tribunal de commerce (arrrêt du 18 déc. 1850). La Cour de cassation, chambre des requêtes, repousse le pourvoi contre cet arrêt, en se fondant sur ce « que l'arrêt constate que c'était pour accomplir des opérations ou actes de commerce que Talandier avait acheté une voiture, et que, dès lors, cet achat se rattachait à l'industrie. » 1er déc. 1851, chambre des requêtes (Dev. 1852.1.23).

Il est remarquable que ni dans l'arrêt de Limoges, ni dans l'arrêt de cassation l'achat de la voiture n'est qualifié acte de commerce. — La Cour d'appel, de cassation, prennent soin de caractériser l'acte « comme se rattachant à l'exercice d'une industrie, » sans déclarer que cet acte soit un acte de commerce.

L'arrêtiste n'en décide pas moins que l'achat et le louage des choses nécessaires à l'exercice d'un commerce constitue *un acte de commerce.* (Voir Dev. 1852.1.23.)

CHAPITRE DERNIER

Réflexions générales.

Serait-il permis de placer, à la fin de ce travail, deux réflexions qui ont dominé l'étude que nous avons faite de la matière des actes de commerce ?

Il est certain que peu de matière présente pour le jurisconsulte et pour le magistrat, pour celui qui veut connaître la loi et l'enseigner, comme pour celui qui veut la connaître afin de l'appliquer, des difficultés plus sérieuses. Il est certain d'autre part, que le législateur a eu la volonté de ne laisser aucune incertitude sur cette matière, d'en rendre la connaissance, la possession facile, simple, accessible à tous les esprits. D'où vient cette contradiction entre les effets et le résultat ?

La cause n'en serait-elle pas que le législateur de 1806 et 1807 a cherché la simplicité là où elle n'est pas, au lieu de la chercher là où elle est ?

Le moyen que les lois soient simples est de les rendre le plus possible conformes aux principes absolus, aux données rationnelles. Ces principes ne sont pas les moins abstraits, ni les premiers qui se présentent à la pensée, mais ils sont les seuls qui satisfassent en définitive l'esprit. La simplicité n'est pas le premier met de la science, c'est le dernier. Ceux qui s'éloignent des abstractions, des définitions, des formules, pour chercher des applications concrètes, des règles vulgaires, tournent le dos à l'idéal qu'ils voudraient atteindre. Ceux-là s'en rapprochent au contraire qui, par les efforts répétés, assidus, infatigables de la pensée, approfondissent les idées, pénètrent ce qu'elles ont de profond, éclairent ce qu'elles ont d'obscur, et dégagent des sentiments confus et naturels les données scientifiques du droit qui y sont renfermés.

C'est une erreur que de croire qu'à l'aide d'un bon sens vulgaire, de la conscience instinctive du droit ou de la praitque des affaires, on arrive à faire de bonnes lois. La raison éclairée par l'étude, est supérieure au bon sens, qui prend ses limites pour celles de la vérité. La science, qui procède suivant les procédés logiques, vaut mieux que la direction capricieuse et toujours arbitraire des impressions et des données instinctives, et enfin la pratique des affaires doit être dirigée par le droit, et non pas prétendre à le diriger lui-même.

C'est pour avoir méconnu ces principes, et suivi cette vicieuse méthode que les auteurs de notre législation commerciale ont laissé tant de travail aux commentateurs de cette législation et exposé à tant d'incertitude son application.

La seconde réflexion a été provoqué dans notre esprit par le spectacle des efforts que la doctrine et la Jurisprudence ont tentés pour modifier en matière d'actes de commerce la loi, et l'approprier aux besoins des mœurs et des affaires.

La législation commerciale, la juridiction consulaire a dans notre pays des avantages précieux. Des formes plus rapides, des magistrats choisis par l'opinion, plusieurs circonstances spéciales donnent raison à l'ordre commercial.

Que font les intérêts privés ? ils modifient par l'interprétation les exigences de la loi, et contre son texte, contre son esprit, ils forcent l'accès qui leur est refusé : des causes civiles sont portées aux juges du commerce ; des formes commerciales couvrent des transactions qui ne le sont pas ; et devant ces empiétements de l'opinon, la doctrine hésite, et la magistrature cesse d'appliquer la loi pour prétendre à la changer.

C'est un des intérêts les plus vifs qui s'attachent à l'étude d droit, que de suivre cette influence des mœurs d'un pays su. ses lois.

Dans ce siècle en particulier, si passionné pour les affaires d'intérêt, il est curieux de voir en 60 ans le progrès des idées, provoqué par le progrès des faits, et la réforme latente des lois, œuvre de la jurisprudence, précédant la réforme officielle, œuvre du législateur.

La matière, dont ce travail est l'objet, n'échappe pas plus qu'une autre à ce mouvement général, et la simplification de la justice civile cherchée et obtenue effacera bientôt une des différences les plus saillantes que caractérise l'ordre commercial.

Mais si la loi que nous avons essayé d'expliquer doit être réformée, notre conviction est qu'elle ne le sera avec succès qu'avec l'aide de la science.

TABLES DES MATIÈRES

Introduction. 1

PREMIÈRE PARTIE

Des caractères essentiels de l'acte de commerce

Chapitre premier. — De l'Entremise. 25
Chapitre II. — De la Spéculation. 28
Chapitre III. — De la Relation entre l'Entremise et la Spéculation. 47

DEUXIÈME PARTIE

Des dispositions du code de commerce relatives à la détermination des actes de commerce

Chapitre premier. — Du Caractère général des articles 632 et 633 du Code de Commerce. 57
Chapitre II. — Premier Alinéa de l'article 632. 66
Chapitre III. — Deuxième Alinéa de l'article 632. 77
Chapitre IV. — Troisième Alinéa de l'article 632. 82
Chapitre V. — Quatrième Alinéa de l'article 632. 88
Chapitre VI. — Derniers Alinéas de l'article 632. 118
Chapitre VII. — Article 633 du Code de Commerce. . . . 138

Chapitre VIII. — Des erreurs de la doctrine et de la jurisprudence. 152
Chapitre IX. — Théorie de l'accessoire. 155
Chapitre X. — Différence des actes de commerce et des actes ayant des caractères d'actes de commerce. 169
Chapitre dernier. — Réflexions générales. 180

www.ingramcontent.com/pod-product-compliance
Lightning Source LLC
Chambersburg PA
CBHW060520090426
42735CB00011B/2301